藍から青へ
自然の産物と手工芸

石田紀佳
写真／梶原敏英

建築資料研究社

目次

植物の章

動物の章

鉱物の章

工程の章

各項目の注釈、参考文献などは、
工程の章の同じ項目のページに掲載しています。
また、＊印の写真は、筆者による撮影です。

まえがきにかえて

なつかしや未生《みしょう》以前の青嵐

寺田寅彦

植物の章

草々がまだ
さわがしかったころ
じっとだまってその声をきいた
かおり、かたち、かがやき、かしこさ。
そっとふれてこの手を動かし
言葉をまなび、仕種をおぼえた
いろ、ぬの、かみ、かご
すむところ

藍染め

いつか私たちは
植物から藍を染めることを忘れてしまうのだろうか。
太古の植物や微生物の生まれ変わりともいえる石炭や石油から
染料をつくりだす技術はたしかにすばらしい。
しかし……

リュウキュウアイ・
きつねのまご科
学名：*Strobilanthes cusia*
琉球藍。暖地で育つ多年草、薄紫の花。高さ50〜90cm。東南アジアの一部と、日本では鹿児島や沖縄で栽培されている。すくもにはせず、泥藍（沈殿藍）にする。

タデアイ・たで科

学名：*Polygonum tinctorium* Lour.

蓼藍。アカマンマと同種の一年草で赤や白の花。夏の刈り取り時期には高さ50〜100cmほどになる。写真は赤花小千本の花期なので葉が小さい。ほかに小上粉、百貫などの品種がある。主に徳島と北海道で栽培されている。

インドアイ・まめ科

学名：*Indigofera suffruticosa* Mill.

南蛮駒繋（なんばんこまつなぎ）。細かいピンクの花が咲く。高さ１〜２mに達する亜灌木。藍を含む植物の中でももっとも藍分が多い。日本では八重山諸島で自家用に栽培されている。

すくも（蒅）

藍草（蓼藍）の葉を醗酵させた藍染めの原料。藍の色素が約5%、藍還元菌の胞子とその養分などが含まれている。

インド藍粉末

インド藍からとった藍分を乾燥させたもの。インディゴの色素は約40〜50%。

インジゴピュア

石油から合成した藍。100%インディゴ。

緑葉《みどりば》にひそむ青の色

木綿・麻を藍染めにした布。桜工房作。何度も重ねて色を出す藍染めのグラデーション。薄い浅葱（あさぎ）色から浅縹（あさはなだ）、縹、藍、紺、そしてもっとも濃い褐（カチ）色まで。すべて地元徳島のすくもを使い、木灰、石灰、麸で発酵させた天然藍染め。桜工房の森さんは藍の色の美しさもさることながら、成熟した藍染め工程の無駄のなさにも多いにひかれているという。例えば、使い終わったすくもは堆肥としてまた畑にもどり次の蓼藍を育む、といった始末のいい巡り。藍の香が匂いたつ健やかな染め。

青は藍より出でて藍より青し

まるで早口言葉のように、藍と青がこんがらがる。はじめてこれを耳にしたとき、「藍」を色名だと思ったのは私だけではないはずだ。色相も彩度も明度もわからない子どもにとって、藍は青よりも「濃い青色」である。藍は青より青し、ならまだわかるけれど……。

その後「藍は草のこと」と聞いたが、「草＝緑色」と短絡してさらに混乱。緑と青を比べて、緑より青の方が青いというのもなんか変？　以来、藍草から始まる藍染めの工程を知るまで、このゴロのいいコトワザはちんぷんかんぷんな呪文だった。

藍生葉染めの絹糸を織ったショール。真木千秋作。生葉で染めた色を言葉で説明するのも印刷物でお見せするのも難しいが、この写真で少しわかるだろうか。作家のアトリエで育てた蓼藍を夏に刈り取って染めた絹糸が織られている。手で引いた「座繰り糸」は空気をふくんでやわらかく、生葉の透明なブルーがそのままうつる。生葉染めの絹糸の澄んで儚い色が揺れ、じっと見ていると目眩がするほどだ。

●

藍を染める植物は大まかには、蓼《たで》藍・インド藍・琉球藍・ウォード（注1）の4種類。そのうち3種が日本で栽培され使われている。

これらの草木は青い色素（インディゴ）のモトになる成分（インディカン）をもつ。いいかえれば藍草の中に青色はなく、空気と光に触れてはじめて青くなるモトがあるだけだ。だから藍草自体は青くないが、葉を擦るとしばらくして傷跡が青く滲む。

この青色成分をとりだして染めるのだが、他の植物染めの色素と違いインディゴは水に溶けない。水に溶けなければ、色素が繊維の中に浸透せず、染料にはならない。そこで藍染めと切っても切れぬ関係の発酵が登場する。インディゴは発酵すると水に溶けるのだ。ひょんなことで昔の人は藍草と水を混ぜたものがぷーんと臭ってぷくぷく泡立って、それがよく染まることをみつけたのだろう（注2）。紀元前エジプトのミイラを巻いた麻布もこの方法で染められたといわれる。

藍の発酵はパンや味噌などの発酵とは一味違う珍しいものだ。多くの微生物はアルカリを嫌うのに、藍の発酵は木灰（アルカリ）によって促されるからだ。藍につく菌（藍還元菌）は強いアルカリでも大丈夫。というかそういう環境を好むらしい。だから灰汁によってほかの菌は消え、藍還元菌が元気になる。

それにしてもなぜそんな奇特な微生物が藍に宿るのだろうか。彼らがいなかったら、私たちは深く紺青に染まった布を見ることはなかったかもしれない。

●

人類が遠い昔に植物から見い出した藍は、19世紀末ヨーロッパで石炭の廃棄物コールタールから合成される。ちょうどウイリアム・モリスが植物染めの研究をし、文字どおりインド藍に手を染めていたころ。彼が亡くなった次の年には合成藍の量産化が始まる。

さらに発酵でなく薬品で簡単にインディゴを水溶性にできるようになり、機械で織られる布が大量に安価にインディゴブルーに染められるようになった。ジーンズがその代表だ。

いつか私たちは植物から藍を染めることを忘れてしまうのだろうか。太古の植物や微生物の生まれ変わりともいえる石炭や石油から染料をつくりだす技術はたしかにすばらしい。しかし、大がかりでない天然藍染め（注3）の自家製感覚に未来のものづくりのヒントがまだまだあるような気がする。

それに何よりも、天然藍染めの色は美しい。

植物からの藍染めはインディゴ色素だけが染まっているのでなく、草が発酵してできたものや灰に含まれるいろいろがちょっとずつ色味を加える。色は混色されず純粋であればあるほど透明感を増すが、深みに欠ける。人は不思議なもので、限りなくピュアに近いものを求めながらも、何か微妙な奥行きを美しいと感じるらしい。

美の基準は一概にはいえず、いくら天然藍でも染める糸や布の成立ちによっては、せっかくの色をだいなしにするかもしれない。しかし好みはあれども複雑微妙な美にひかれるのが人の宿命であれば、細々とはいえ植物由来の藍の色は染め続けられるだろう。

冒頭の「青は藍より出でて…」は弟子が師を上まわる意味で引き合いに出されるが、うっとおしい師弟関係の図など抜きにして味わいたい。緑の草木が空気や太陽、灰、その他たくさんの生き物のはたらきによって青に変成していくイメージは壮大だ。そこに私たち、ヒト、もいる。

草木染

草花をはじめとする自然環境に対してふと抱いてしまう、
恐れのようなありがたさのような、ある種、宗教的な感情が
「色をいただく」というフレーズに籠められている。

タマネギ・ゆり科
Allium cepa
玉葱。草木染初心者がたいていは試してみる染材。調理で捨てる薄い皮だけを集めて染める。アルミや灰汁媒染で黄色から赤茶、山吹色など。

ウコン・しょうが科
Curcuma longa
鬱金。カレー粉に使われる。写真は根を砕いて乾燥させたもの。ウコンで黄に染めた木綿で書画や衣服を包み、虫の害を防いだ。

ツバキ・つばき科
Camellia japonica
薮椿。椿葉を燃やしてつくった灰は古代のアルミ媒染料。茜や紫根の染めに使われた。生の葉や花で染めることもできる。

ビワ・ばら科
Eriobotrya japonica
枇杷。染めには葉や樹皮を使用。アルミや灰汁媒染でピンク、オレンジから赤を染める。鉄媒染でグレーから紫。11～12月の花が咲く前の樹皮がもっとも強く赤を染めるといわれる。ビワ葉は民間薬として煎汁を飲んだり、浴湯料にする。

ウメ・ばら科
Prunus mume
梅。加賀の梅染めは鎌倉時代から特産品として知られ、樹皮や根を細かく砕いて、灰汁媒染で赤みの薄茶から茶、鉄媒染で黒茶を絹や麻布に染めた。紅梅白梅によって色合いが違う。

ウバイ(烏梅)
梅の実の燻製。薬となるほか、紅花染めの発色剤となる。

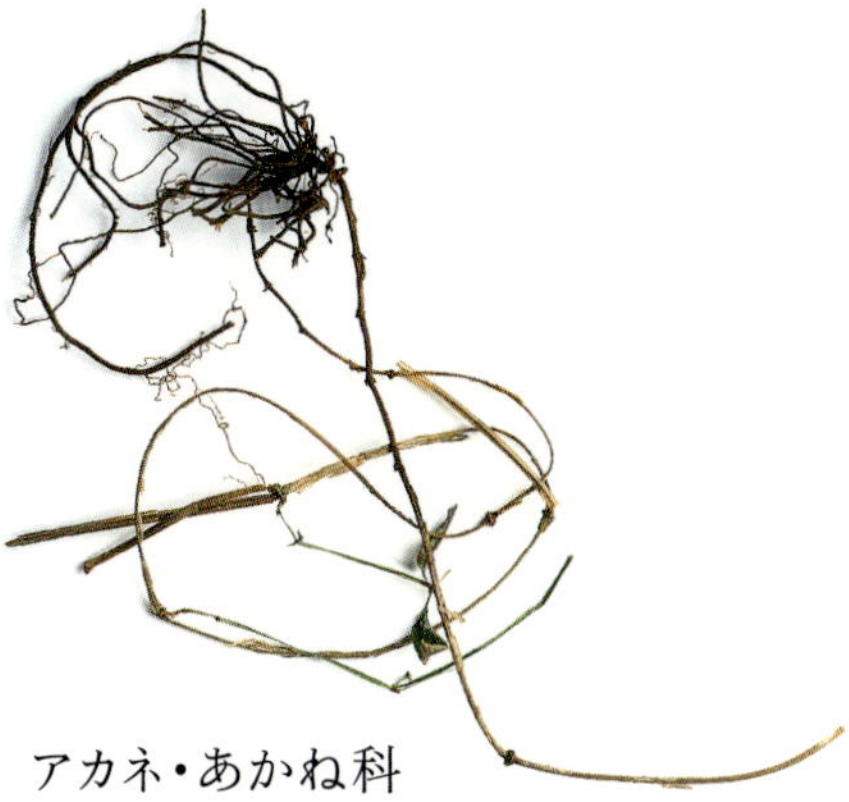

アカネ・あかね科
Rubia cordifolia
茜。蔓性の多年草。アジアの暖帯に分布し、日本でも山地や野原に多く見られる。根をアルミ媒染すると赤く染まる。

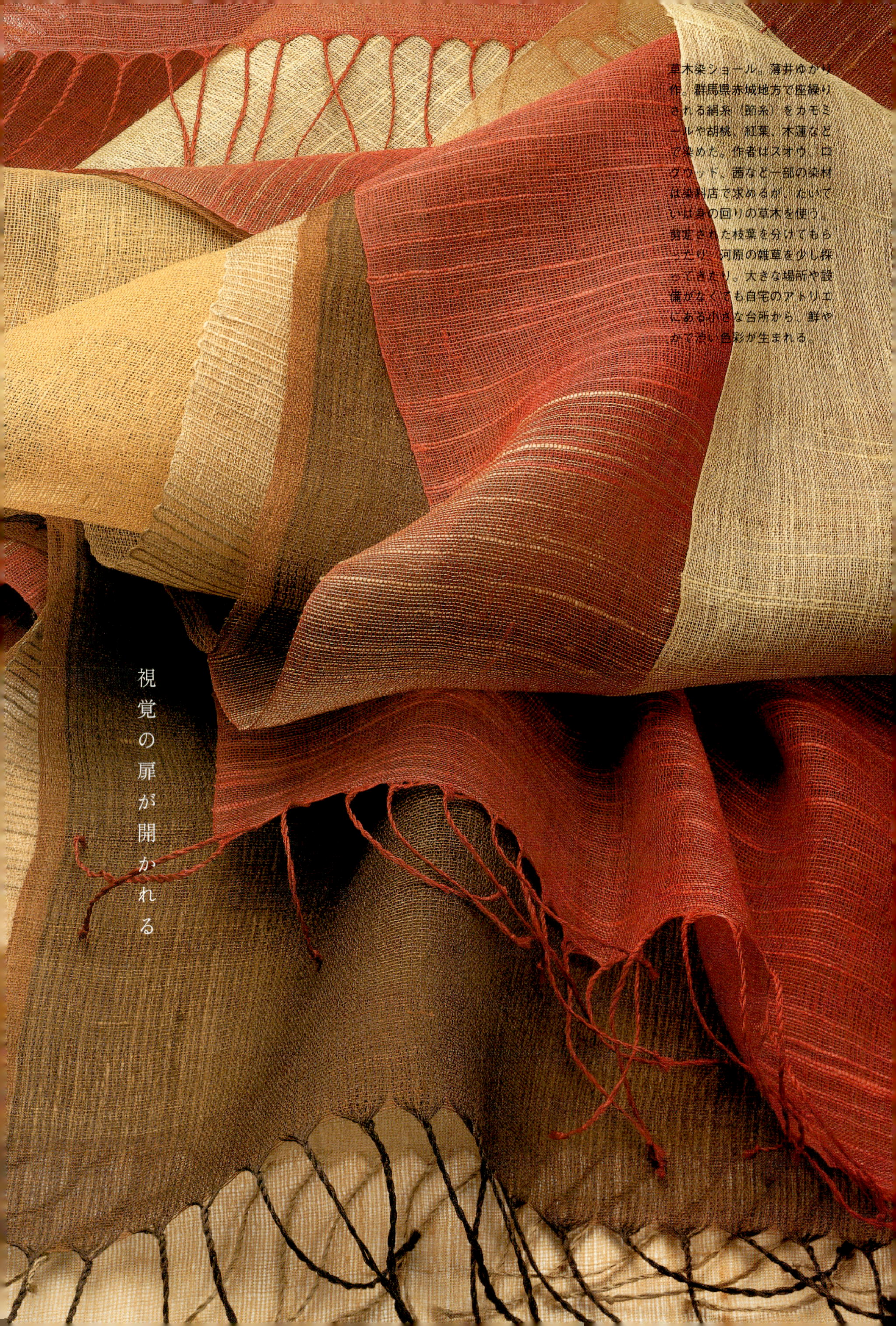

視覚の扉が開かれる

草木染ショール。薄井ゆかり作。群馬県赤城地方で座繰りされる絹糸（節糸）をカモミールや胡桃、紅葉、木蓮などで染めた。作者はスオウ、ログウッド、茜など一部の染材は染料店で求めるが、たいていは身の回りの草木を使う。剪定された枝葉を分けてもらったり、河原の雑草を少し採ってきたり。大きな場所や設備がなくても自宅のアトリエにある小さな台所から、鮮やかで渋い色彩が生まれる。

どんな草木でも染めができる。

　濃い、薄い、褪せにくい、褪せやすいなど、実際に商品として販売するには、どれもこれもというわけにはいかないが、およそ色をもたない植物はない。このことは、草花好き・布好きの人にはたまらない魅力だ。

　空地にはびこる雑草を見ても、野山の木々を見ても、ああこれはあんな色に染まるなあとか、どんな色に染まるのかしらと、色のイメージをふくらませる。

　また「柘榴《ざくろ》」とか「くちなし」で染められた布に会えば、それぞれの色合いに草木の姿や香り、それが生えている風景を重ねる。

　植物や色への親しい気持ちが増し、楽しげな、そしてゆかしげな心地がする。

　そう、この知らず知らずのうちに人を奥ゆかしくさせるところこそが草木染の魅力である。

　草木染作家とよばれる人々はよく「自然から色をいただく」という。これは決まり文句のように頻繁に使われるので、染織の世界では手あかのついた言葉になってしまった。一般の人が聞いたら大げさで恥ずかしい言い回しだと吹き出してしまうだろう。

　しかしこれは草木染をしてきた人の素直な尊い感受性のあらわれだ。季節や生育場所によって色を微妙に劇的に変える植物を、タイミングを見計らって、または偶然に手に入れて、色を出し、それが糸や布を瞬時に染める様子をまざまざと見れば、何やらゆかしい気持ちになるのは当然かもしれない。

　草花をはじめとする自然環境に対してふと抱いてしまう、恐れのようなありがたさのような、ある種、宗教的な感情が「色をいただく」というフレーズには籠められている。

草木で染めた絹糸（赤城の節糸）。時計まわり12時の位置から、モミジの鉄媒染、ビワの銅媒染、椿花の鉄媒染、胡桃皮の無媒染、玉葱のアルミ媒染、スオウと茜のアルミ媒染、ビワのアルミ媒染、モミジのアルミ媒染。同じ植物でも媒染によって発色が変わる。染め／薄井ゆかり

●

　草木染という名は植物染めを復興した山崎斌氏が命名し、昭和8年に商標登録をした。その後、父斌氏の志を継いだ山崎青樹氏が平成11年にその商標権を放棄した。だからそれまでは、商標を持っているところ以外は商売で「草木染」を名のれなかったはずだが、ずっと普通名詞のように扱われてきた。

　本染、天然染、古代染、草花染といろいろいってみても、植物全般にわたるこの染めに「草木染」以上にしっくりする言葉はない。天然染料による染めが現代社会によみがえり、また普及していったのはこのわかりやすいネーミングにもよるのではないか。さすがに文学者だけあって、また私利私欲ではなしに植物染めの復興を望んだ人だけあって、この名はとても普遍的でかつ美しい。

　勝手な推測だが、彼が商標登録をしたのは、この名称をよそに使わせないというよりも、他でめちゃくちゃに使われたり占有されたりしてこの染めの広がりが拒まれないように、との配慮のように思われる。

　今ではどの植物がどんな色に染まるか、というだいたいのガイドがある。極めるのは別だが、手軽な手芸や子どもの科学実験のひとつにもなっている。それもこれも、明治時代に合成染料が出回ってほとんど消えた草木染を、学問的資料として残すだけでなく生きた産業にしようとした人々がいたおかげだ。

　その筆頭に草木染の名付け親である山崎斌氏がいた。

●

　ウコン、紅花、藍など昔から使われた染料は薬草でもある。

　ウコンで木綿や赤子の産着を黄色に染めたのは防虫殺菌作用があったからであり、紅花は浄血効果のために女の肌着になり、藍は蝮《まむし》をよせつけないとして野良着に用いられた。

　薬効を期待した染めでなくても、この色はこの植物からというふうに、色とその色を出す素材が密接に結びついていた。しかし色は、それが単なる色ではなかった長い長い時を経て、合成染料や顔料の出現によってお金を出せば手に入れられる、単なる色となる。

　いいかえれば、色はその出生から解き放たれて自由になった。それは誰もが好みに応じて色を選べるチャンスに恵まれたということだ。（実際は好みに応じた色を選ぶのはなかなか難しいが。）

　色を単なる色として見られる自由さの中で、他の誰でもない自分の目で純粋に色を感じ取っていく。その過程に、糸も織り方も吟味された極上の草木染に逢えば、視覚の扉はさらに開かれるのではないだろうか。

柿渋

猿蟹合戦の堅くて渋い恐ろしげな青柿は、
実は日本人の暮しになくてはならぬ素材であった。
小さな実のなる渋柿の木は、干し柿用というよりもむしろ
柿渋をとるために植えられてきた。

天王柿

てんのうがき。京都山城地方特産。ゴルフボール大の渋柿。渋柿の中でも渋の素であるタンニン量が6〜7%と、もっとも多く含まれている。8月から9月上旬までに収穫。干し柿にすることもあるが、ほとんどは柿渋に用いる。

カキ・かきのき科
Diospyros kaki

愛宕柿

あたごがき。愛媛県周桑郡特産、徳島でも栽培される。7月始めから8月中旬までに摘果。さわし柿にして食用にする樹から間引いたものを柿渋用に。

法蓮坊柿

ほうれんぼうがき。奈良西吉野地方のみで採れる。干し柿にもなる。渋用としては9月末ごろが収穫の時期。

鶴の子柿

つるのこがき。京都南部地方に産する。小振りで細長い形が美しく、熟し柿にして懐石料理の一品に。渋用としては9月末ごろが収穫の時期。

昔は当たり前にあったものが、今となってはめずらしい。そんな話はよく聞くが、柿渋《かきしぶ》はその典型かもしれない。

柿渋が当たり前にあった「昔」とは、昭和30年頃までのこと。人々は専門業者から柿渋を買ったり、カメに常備した自家製を木や竹や紙でできた道具に塗っていた。

最近は趣味で柿渋染めをする人が多く、自然塗料として建築分野でも見直されているので、柿渋は再び身近になりつつある。（本稿を書いた2002年以降も柿渋への認知度は増している。）

1965年（昭和40年）生まれの私が柿渋をはじめて知ったのは、1993年に原口良子さんの柿渋染めを見た時である。土や岩肌を思い起こさせるテクスチャーと生き物のような色。柿渋っていったいナニモノ？と驚いた。

単に色が染まるだけではなく布が堅くなっている。かつて番傘や渋団扇、合羽に塗られたものだと聞いて、へーえと目をみはった。

しばらくたって、昭和一桁生まれの父にこのことを話したところ「そうや、よく漁師が網を柿渋につけっとったなあ。青柿をしぼるんや」といとも簡単にかわされ、また驚いた。

新人類と柿渋との遭遇はかなりショックな出来事だった。身近な人の知られざる一面を見たようなドキリとした気持ちとともに、世の中の変化のおそるべき速度、みたいなものを感じた。

長い歴史からすれば、20年やそこらのあっというまに私たちの暮しはずいぶんと変わり、弥生時代に遡るかもしれない柿渋も、あっさりと忘れ去られそうになるのだ。

日々をささえる青い柿

柿渋を塗った道具。角桶（つのおけ）と深めの笊は昭和30年代まで使われた酒造りの道具。年に一度土用のころに酒袋をはじめとした道具に柿渋を塗って手入れをした。酒の成分と柿渋があいまって深い色艶を出している。左端はお茶の葉を摘むときに使う竹笊。

伊勢型紙。現在も型染めの世界には和紙と柿渋でつくった型紙が生きている。数枚の和紙を縦横の向きを変えて交互に重ね柿渋で張り合わせる。染料や糊を何度も使い水洗いをしても、彫った型が狂わないほどの堅牢さが型紙には求められる。柿渋が日本の手工芸を縁の下で支えてきたひとつの例。右ページとも、撮影／喜多章　協力／トミヤマ

●

猿蟹合戦で蟹がぶつけられる堅くて渋い恐ろしげな青柿は、実は日本人の暮しになくてはならぬ素材であった。小さな実のなる渋柿の木は、干し柿用というよりもむしろ柿渋用に植えられてきた。熟しても小鳥さえ食べ忘れるほどの小さな小さな柿しかならない木の存在を不思議に思った人もあるだろう。

人々は青柿の果汁を木や布に塗ると膜がはって防水になることや、渋みが防虫防腐効果をもつことを経験として知っていた。だからプラスチックもステンレスも除湿器もなかった頃には、柿渋によって生活道具を腐食から守ったのだ。

たとえば江戸時代から戦後までの酒蔵では、桶や樽に渋を塗って耐久性を高め、木綿の酒袋には渋染めをして耐水性をもたせ、もろみを滑らかに濾せるようにした。酢や醤油製造にも同じように柿渋が使われたから、かなりの量にのぼったはずだ。

ところが酒造設備が、桶からステンレスタンクになり、酒袋が機械内蔵のフィルターに変わると、酒造メーカーでは従来の意味での渋は不要になる。しかし昭和40年代には清酒のサエやテリを出すための清澄剤として柿渋が見直され、現在に至るまで柿渋と酒造りは関係が深い（注1）。

●

韓国の済州島には渋染めの労働着があるという。布が丈夫になり汗をかいてもべたつかないので重宝されてきたそうだ。これは青柿を搾ってすぐに布を染める。日本のように発酵させる柿渋は韓国にも中国にもみつかっていない。

フレッシュでも発酵したものでも、どちらも塗膜をつくるので布や紙が堅くなる。防腐効果もあるらしい。発酵したものの方が最初から色が濃いが、搾りたてでも酸化すると次第に色付いてくる。一方、発酵させなければ乾燥時のあの強烈な匂いがない。

ではいったいなぜ発酵させるのだろうか。

理由のひとつは、フレッシュな柿渋は夏限定だが、発酵させれば年中使えるということ。しかしそれだけのために大変な労力を費やしてきたわけでない。発酵によって柿渋の防腐効果がより高まるからだという（注2）。

●

小春日和の山里に真っ赤に熟した柿の実が点々とある風景は、桃源郷ならず柿源郷だ。

柿の木までに税をかけられた農民の苦労を棚上げして呑気なことをいうのははばかれるが、身の回りのものの大半を自家製もしくは近隣からのものでまかなっていた頃の農村には、ユートピアの側面がある。

農家の庭先で、食べ物だけではなく塗料までが自家用につくられる。それは大切な生活道具を長持ちさせるためだった。

漆や藍染めほど目立ちはしないが、縁の下で庶民の暮しをささえてきた柿渋。それが再び昔ながらの使い道とともに重金属の吸着など新しい用途で今に甦ってきたとは……。

柿渋ショックはまだまだ続く。

ウルシノキ・うるし科

Rhus verniciflua Stokes

中国、ヒマラヤ原産で朝鮮半島と日本に渡来したとされるが、もともと中国～日本の照葉樹林帯に自生していたとの説もある。日本・中国・朝鮮半島に分布生育する落葉高木。日本では漆液を採るために長らく栽培されてきた。野性のものはほとんどない。漆液は木の皮と木質のあいだに含まれる。

珪藻土
(輪島地の粉のもと)

天日乾燥／左。掘り出した珪藻土を砕き、均質に練り合わせ自然乾燥させる。

蒸し焼き／右。天日乾燥させた珪藻土を、水分を含んだおがくずと一緒に5～6時間蒸し焼きにする。

夏の早朝、掻き鎌で傷をつけられ滲み出る漆の液は、
最初はミルク色で次第に褐色になる。
10年育てた一本の木から一夏にとれるのは湯呑みに一杯。
日本産の漆液は希少となった。

漆

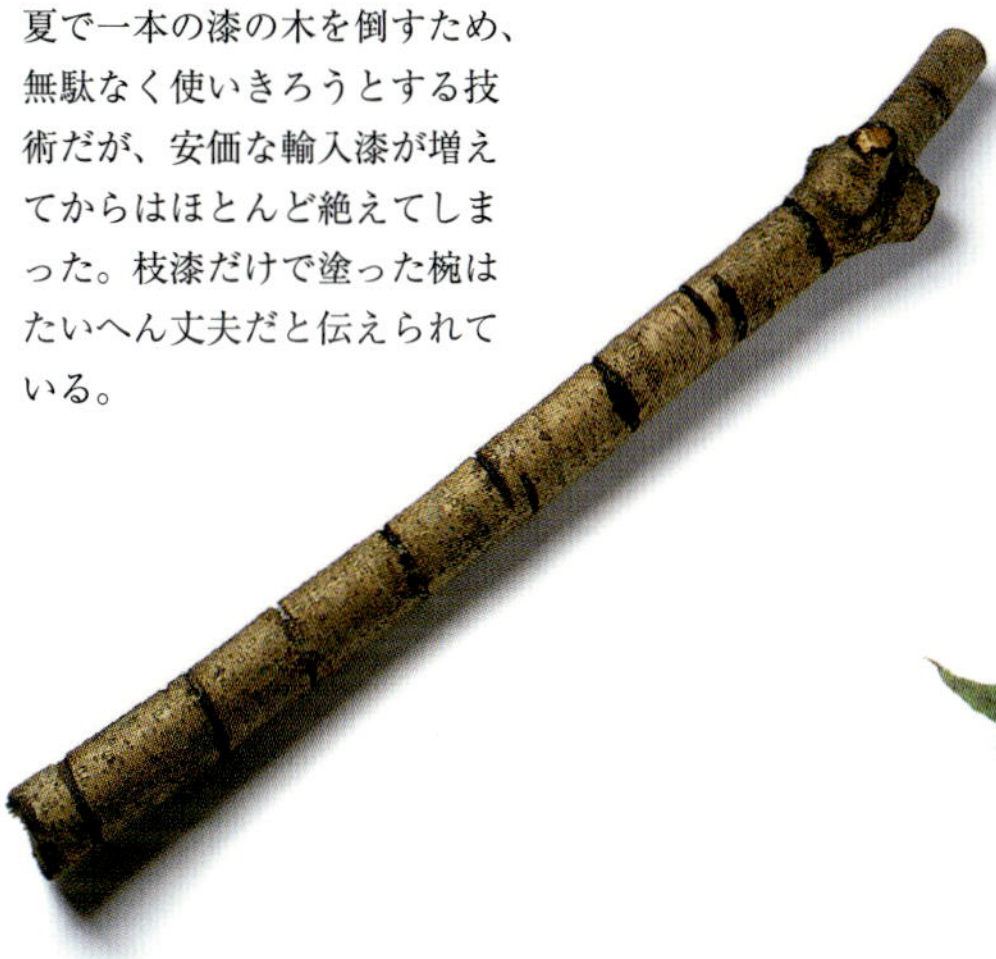

枝漆の採取あと

枝漆の大半は太い幹からとるが、かつては伐採した漆の枝を小川に一週間浸けた後、特殊な刃物で枝に傷をつけ暖かい室内にしばらくおき、滲み出る漆液をも掻きとった。一夏で一本の漆の木を倒すため、無駄なく使いきろうとする技術だが、安価な輸入漆が増えてからはほとんど絶えてしまった。枝漆だけで塗った椀はたいへん丈夫だと伝えられている。

その部屋に入ると決まって甘い香りにうっとりする。

あるとき誘惑に駆られ、そのフルーティーな芳香の元に鼻を近づけそうに……。とたん「ダメダメかぶれますよ」とあわてて止められた。

香りの元は漆の液。後日、この甘美で危険な体験を漆を扱う人に話したところ「それはきっと新鮮で上等な漆だね」といわれた。

専門家によると漆液はその用途によって何が上等とは一概にいえない。もちろん日本産だからいいとか輸入ものだから悪いというのは論外だ。しかし少なくとも私の嗅いだ漆は国産の上物。香りもいいがかぶれやすさも抜群だとか。危うく鼻の穴と唇をはらすところだった。（注1）

●

何度か通ったその香しい部屋は東京・荻窪にある漆作家本間幸夫さんの工房。茨城県山方町で育てた漆の木から自家用の漆液を掻いて使っている。

漆工は日本のお家芸の代表だが、その他の工芸品の

湿り気にかたく色沢《つや》めく

甲高四方小箱、赤木明登作。つるつるぴかぴかの漆器（紛い物も含めて）を見慣れた目には、赤木さんの作品は驚きだ。おそらく彼が自分の好む漆の表情を探って見つけたのだろう。輪島塗り下地の上に和紙を貼って仕上げている。漆に反射する光がまるで内側から放たれているよう。内面と表面が連続する快感。

素材と同様、漆液の大半は輸入されている（98%が中国と東南アジアの諸国産）。

このような状況の中、以前より茨木県産の漆を手ぐろめで精漆（注2）してきた本間さんは「漆を植えることから始まる作品づくり」に12年前から取り組まれている。そして自分の工房で使う漆をまかなうだけでなく、国産漆の需要と供給をつなげるための「壱木呂の会」（注3）の主催もされる。

漆作家が漆の木の栽培から手掛けるのは「無謀」（本人談）ともいえ、本間さんのような仕事は誰でもできることではない。漆でなくても、何かものをつくるときにその当人が原材料からつくるのは難しい。漆を塗る仕事だけでも熟練を要するし、幅広い事柄に手を出すと作品づくりへの集中力が欠けるおそれがあるからだ。

原料の育成、採取、調達からその加工、そして最終製品の製作までを一貫して行うのは、ビジネスとしてなりたちにくい。平たくいって、得意・不得意の分業はスムーズに事を運ぶための本能的知恵だ。餅は餅屋。経済格差からの地域別分業もある程度は仕方ない。

けれども目先の割にあわないからと割り切って、この日本の風土における「漆の木を育てて漆液を掻く」という仕事をやめてもいいものか。たぶん本間さんはそんなことも思って漆の木を育てているのだろう。

私も国粋主義者でないから、何が何でも国産にこだわって外国産を閉め出したいわけではない。ただ、日常に使っているものが、その日常とつながったところで無理なくつくられる健やかさ、そこに強く惹かれる。

●

夏の早朝に漆の幹に傷をつけ、滲みでる少量の汁を掻きとる。えっ？　と目を疑いたくなるような遅々ちょろちょろとした作業だ。

10年育てた一本の木から一夏に湯呑み一杯の漆がとれる。初夏から秋口までの気候を反映して、漆液の状態は変化する。真夏は水分が少ないのでサラサラとして上塗りによい。10月以降は水分が多くなり、粘って接着力を増す。

これらの漆を精製して接着剤や塗料にすれば、丈夫な塗り物、漆器ができる。金属、革、植物繊維など何にでも漆は使えるが、ここでは身近なお椀を例に塗りの過程を覗いてみよう。

●

おおまかには木地に直接漆を塗るか、下地を施してから塗るかのふたつの方法がある。そしてそれぞれに「塗立《ぬりたて》」と「蠟色《ろいろ》磨き」がある。

まず椀形に挽いた木地に漆を吸い込ませ、木固めをする。これだけでもボディは丈夫になる。この上に透明な漆を塗り重ねると、木目が生かされた表面になる。このように下地をしないで塗るのが拭き漆塗や春慶塗の類いだ。

木固めをしてから下地をつくり、その上に漆を塗ると木肌のまったく見えない黒や朱の、いかにも塗り物らしいお椀になる。根来塗《ねごろぬり》などである。

下地は砥の粉や地の粉など鉱物の粉末を漆で固めてつくる。いくつかの手法があるがいずれも粗い粉末の下地からはじめて細かい粉末へと重ねていく。

一般的な輪島塗では地の粉と糊と生漆《きうるし》を合わせたペーストを塗り重ねる。これが現在上等品で最もポピュラーな下地「本堅地《ほんかたじ》」。ほかには粉末をペーストにするときに水をいれない「堅地」と、生漆を塗った上に粉末を蒔いて固着させる「蒔地《まきじ》」がある（注4）。

下地を施した塗り物はもはや木工品ではなく、木と漆と石の三位一体品だ。下地の段階のざらついた灰色の肌はまるで須恵器である。

その後中塗りで肌が整えられるとすっかり塗り物らしくなる。なのにまた水研ぎをして塗面を荒す。上塗りに備えて漆の喰いつき（接着）をよくするためだ。

そして掃除の行き届いた部屋で息を潜めて上塗りをする。塗立ならこれでおしまい。本来の根来塗や初期の輪島塗はこのややマットでぼってりとした塗立仕上げ。一方、現在の輪島塗の大半、特に蒔絵は塗面を磨ぎあげて摺《す》り漆をくり返す。ピカピカな蠟色磨きである。

下地をするかしないか、仕上げをどうするか。それによってさまざまな表情の塗り物ができる。実用品としてのお椀には、実はテクスチャーへのあくなき追求が盛り込まれている。

栗手刳椀、荻房作。木地も漆も自前の荻房若手の作。たっぷりとした形と潔いノミ跡、塗り放して（塗立仕上げ）艶やかな漆。実際は緻密な仕事なのにおおらかさを感じさせる。北関東の漆液は特に透明度が高いという。

紙衣

東南アジアが起源といわれる蒟蒻イモが、
楮紙と出会って、紙の衣となり気球にまでなった数奇な運命。
明治初期まで防寒具としてあったこのとりあわせ、
今にどう生きるのか。

トロロアオイ・あおい科
学名：Hibiscus manihot
黄蜀葵。一年草。晩秋に肥大した根からとった粘性液は和紙を漉くときのネリに用いる。写真は初夏のころの小さなもの。

蒟蒻イモ

蒟蒻玉ともいわれる。赤子の頭ほどの大きさになるのに3年ほどかかる。

蒟蒻精粉

蒟蒻イモを乾燥させて純度の高いマンナン粒子にしたもの。これに水を加えると蒟蒻糊となり、水酸化カルシウムなどで固めて食用にする。

カジノキ・くわ科

学名:*Broussonetia papyrifera*

写真は白石（宮城）のトラフコウゾ。カジノキの雌といわれる。楮とカジノキは近縁で、どちらで漉いても楮紙といわれる。

コンニャク・さといも科

学名:*Amorphophallus konjac*

インドシナ原産で中国を経て渡来したといわれるが定かではない。多年生。食用などの加工には3～4年生の肥大した球茎を秋に掘りあげる。写真は7月上旬、根の中心はしぼみかけた種イモ。

紙揉む音のなつかしさ

白石和紙かじの木会の紙衣紙。下に敷いた白い紙は白石和紙工房で紙衣仕上げしたもの。左は佐藤忠太郎紙子工房の帯用の紙衣。拓本する前と後に揉んで柔らかくしている。右はきちみ紙子工房の拓本染紙。これは揉まずに財布などの小物にする。すべて地元産のカジノキを十文字漉きした紙に蒟蒻糊を塗っている。

『風流の昔恋しき紙衣《かみこ》かな』

夏目漱石が「芸術の議論や人生上の理屈が一時は厭になった」（明治43年の日記）と記したあとに添えた句である。

紙衣（注1）とは手漉き楮《こうぞ》紙を揉み、蒟蒻《こんにゃく》糊などを塗って仕立てた着物をいう。江戸時代には防寒着としてポピュラーだったようだ。

しかし明治に入ると紙衣は過去のものとなる。繊維工業の発達で木綿が安くなったうえ、文明開化とともに暖かい毛織物が普及したのだから、ムゴイようだが当然ではある。いくら揉んで柔らかにしたって紙は紙、ウールのハイカラなしなやかさにはかなわなかった。

漱石は留学先のロンドンでも『なつかしの紙衣もあらず行李の底』と紙衣を詠んでいる。世界にまれな日本の紙の衣……、それを象徴に彼が感じたことをこれ以上下手に追うのはやめておくが、ともかく産業革命発祥の地、大英帝国御自慢のウールの陰で紙衣は静かに姿を消す（注2）。

そして今では紙衣が何だか知る人はほとんどいない。が、紙衣に使われたような紙は現在でもつくられている。土産物屋に並ぶ帳面の表紙や財布、名刺入れなどになっているアレ、と聞けば、ああ、とその質感がぼんやりと浮かんだりするのではないか。

楮で漉いた紙はそのままでも丈夫だが、紙衣にするには蒟蒻糊や柿渋などを塗って毛羽立ちを押さえ、さらに丈夫にする。

もちろん土台の紙が肝心だから、例えば紙衣の産地白石（宮城）では十文字漉きといって、繊維が一方向だけでなく縦横になるように漉いた紙を二枚合わせて紙衣原紙とする。

白石ではその紙に蒟蒻糊を塗る。天草やワラビ粉などを使うところもあるそうだ。余談になるが、一閑《いっかん》張りでは紙をナメクジ糊で張り合わせるという伝承を、漆の神様松田権六が実際に試して「なめくじの糊も蒟蒻糊も水に対して不溶解性で都合がよい」と書いていた。私も一度試してみたいと思ってはいるが……。

ナメクジはさておき蒟蒻糊はいったん乾くと水に溶けにくくなる。蒟蒻を塗った紙とそうでない紙を比べると違いがわかる。確かに蒟蒻を塗った紙は水の中でこすっても、水から上げてぎゅっと絞ってもなかなか破れない。

糊の塗り方は、紙を揉んでから塗る、塗って乾かしてから揉む、蒟蒻糊に紙を浸して揉み込む、などさまざまだ。用途に応じて塗り重ねる回数も変わる。これらの工程によって紙はひきしまり、もとの大きさよりも縮む。

蒟蒻糊といえば、第二次大戦末期に日本から太平洋を越えてアメリカ本土に飛ばされた風船爆弾を連想する人もいるだろう。この巨大な気球は楮紙を蒟蒻糊で何重にも張り合わせてつくられた。当時の研究で、蒟蒻糊は水素の透過性が少なく、軽くて湿気にも強いとされて選ばれた。しかしその後の食用以外での科学的な分析は、私が探した限りでは見当たらなかった。

戦争は御免だが、東南アジアが起源といわれるイモが、紙衣を経て気球にまでなった道のりを思うと、その数奇な運命に驚き、これから先の蒟蒻と手漉き紙の関係に期待を寄せてしまう。

美しさに惹かれてつい和紙などの手漉き紙を買っても、絵や書を心得なければせっかくの紙は巻いたままで棚上げ……。実はこれは自分のことだが、壁紙などにしなければ、一般人には手漉き紙はそうそう使えるものではない。

けれども紙衣紙なら、美しい紙を日常に気軽に使うきっかけになるかもしれない。そのまま風呂敷にしたり、何かをつくるにしても縫わずに糊でつなげられる。ブックカバーや座布団カバーくらいなら仕上がりもぴしっと決まる。

ある人の家ではカーテンにしていた。布の代わりでなく、紙衣そのものの風合が生きていた。皺の陰影、艶やかな張り、光の透ける具合など、障子とも違ったよさがある。

きちんと漉かれた紙を自分で紙衣仕上げしてもおもしろい。蒟蒻を介して和紙と触れあう絶好の機会になる。食用の蒟蒻粉であれば、ついでにおいしい蒟蒻も簡単につくれて一石二鳥である。

拝宮和紙の枕と小座布団。赤茶の座布団は柿渋を塗って揉んだ紙で、白い枕は蒟蒻糊を塗ったもの。拝宮和紙の中村功さんは地元産の楮から漉いた和紙を蒟蒻糊の中に漬けて揉み込む。（拝宮では、植物学的な分類名では楮となるものをカジノキとよんでいる。）

楮紙

ヒメコウゾ・くわ科

学名：*Broussonetia kazinoki*

古代には製紙に用いられた。枝が細く、コウゾやカジノキと同じ手間をかけても紙の原料になる量が少ない。落葉低木、雌雄同株。暖帯に分布。日本では岩手県以南とされる。写真は東京都渋谷区産。

ヒメコウゾの実＊

トロロアオイの
根と種子

根からとった粘性液は和紙を漉くときのネリに用いる。

私の住んでいる東京・渋谷区には代々木公園や明治神宮の森などの大きな緑地はあっても、農業用地はひとつもない。新宿区も目黒区も同様だろうが、あらためて田畑ゼロを地図上で示されると驚く。都市というのはこんなものか、と。

　しかし、開発の進んだ都会にも和紙になる植物がしぶとく生きている。たとえばうちのとなりの空地がそうだ。もっとも、ここに越してきた当初は、桑によく似たその細い木が何かわからなかった。気になるので観察していると、5月ごろに気味の悪い毛だらけの黄緑色の球をつけ、やがて食べられそうに赤く色付いた。牧野富太郎植物図鑑で調べると、丸い実や切れ込みのある葉の形から、「楮《こうぞ》」と判明した。

　皮をはぐと繊維がとても強く、ひっぱってもちぎれない。これを紙にするなんて想像もつかなかったが、甘くざらついた舌触りの実をおそるおそる味わいながら、いつかこの皮で紙が漉けるかも、と胸をときめか

先祖由来の性質と雨風寒暖、人の手入れなどの
環境によって楮の繊維は太くなったり細くなったりする。
だから手漉き楮紙は、透けるような薄いものから、
分厚く丈夫なものまで多彩なのだ。

カジノキ・くわ科

学名：*Broussonetia papyrifera*

写真はカジノキの雌。東京・小石川植物園の外堀の脇に生えていたもの。雌雄異株、落葉高木。高さ16m、幹の太さも直径60㎝ほどに達する。暖帯、亜熱帯、熱帯に分布。

カジノキの実（雌）＊

ナスコウゾ

那須楮。日本産楮の中では最高級品とされる。茨城県北の久慈川流域で栽培される。

トラフコウゾ

虎斑楮。宮城県の白石産で「カジノキの雌」といわれる。紙衣や紙布の糸に加工される。

衣食住つつむ和の紙

上総大多喜小判楮紙（土佐楮使用）。田村正作。作者は千葉・大多喜で国産楮で小判の紙を漉く。昔は紙を荒縄で縛ったといい、それを再現してもらった。田村氏は日本各地の小学校や欧州で、和紙の歴史を語り、塵取りから始まる本格的なワークショップを通して、紙漉きを伝えることを本命としている。

せた。

　ところがその後、楮から紙をつくるのは牛乳パックの紙漉きとはワケが違うと知り、2年に一度の徹底的な草刈りにも負けずに芽を吹くたくましい植物を眺めるだけになった。

　そして去年、この連載で楮紙を取り上げようと調べ始めたところ、私が8年間「楮」と信じてきた植物はプロの紙漉きさんが使う楮ではなく、「姫楮《ひめこうぞ》」であることがわかった。


　植物学上の分類には楮という固定の植物はない。和紙の原料である楮の大半は、雌雄同株の姫楮と雌雄異株のカジノキが交配して生まれた雑種だといわれる。

　カジノキは南方系の植物で、幹の太い10メートルを超える大木になる。ポリネシア諸島の樹皮布（タパ）はこの樹からつくられる。

　姫楮は日本の在来種とされ、岩手以南までは生育する。姫の名のとおり、幹は細くて背丈はせいぜいで3～5メートルである。

　このふたつが交配し、寒い土地でも育ち、かつ大きくなる楮になったのだろう（注1）。楮の栽培が盛んだった江戸時代後期には、園芸技術が発達し、桜、花菖蒲、菊などが百花繚乱に咲いたのだから、楮の人工交配もあってもおかしくない。しかしどうやら殿様は楮の改良は命じなかったようだ。

　楮は重要な商品作物であったが人工交配までしなくても、自然にできたハイブリッド楮を取捨選択するだけで薄葉から書画、障子、傘、提灯までのバリエーションに応じられた。それほど、楮の種類には幅があり、また漉き方の技術が多様にあったのである。

　江戸時代にはどれほどの種類の楮が全国で栽培されていたのだろうか。国産楮の一大産地である四国地方には、現在も楮やカジノキを細かくわけた呼び名が残っている。


　同じ労力をかけて芽を掻いたり皮をはぐなら、細いより太い幹のほうが効率がいい。野生の姫楮からも紙がつくられたが、大々的に栽培されたのは楮であった。しかし楮が選ばれたのは、前述のように幾種類もの紙が漉けたからでもあろう。これには漉き方の技術とともに楮の繊維の質が深く関わっている。

　手漉き紙研究家の宍倉佐敏氏によれば、楮の繊維には偏平型と円筒型があり、それらの透明度や太さによって紙の質感がかわる（注2）。

　例えば、現在いわゆる一流ブランドとして名高い茨城県の那須楮は、透明で偏平な幅広の繊維の割合が多い。こういう繊維からは表面が平らで光沢があり堅い紙ができる。書写用紙や極薄の紙に適している。

　カジノキは半透明で円筒型の繊維が多く、紙にしたときに表面の平滑性は乏しいが、繊維が太くて丈夫なので紙衣や傘によい。

　姫楮は透明で偏平な繊維の割合が多く、那須楮と似ているが繊維は細い。

　こうして見ると、那須楮は姫楮の性質を色濃く持ちながらも太く進化したようだ。しかし、この那須楮の苗をネパールで育てると性質は全くといっていいほど変わる。先祖由来の性質と雨風寒暖、人の手入れなどの環境によって楮の繊維は変化する。それが楮の紙が多彩な理由のひとつであろう。


　別にブランド楮でなくても、使う目的に適えばいいのだが、目的に応じた紙を選べる、というのはとても豊かな幸せである。多様な素材が育つ環境と多様な技術、そしてそれらを受け入れる余裕があってはじめてできることだからだ。

　現在、楮紙は私たちの生活の中心にはなくなった。けれども、楮は生えているし、量産の紙のように画一ではない紙を漉く人も、多くはないが、いる。手漉きの紙は、たとえば手織りの布に比べれば、とても安いからわりと気軽に使えるのがうれしい。

　今年の冬は地主さんの除草の前に例の姫楮を刈り取ってみようかと思う。みなさんのお近くにも、線路脇あたりに楮が生えているかもしれませんよ。

楮紙の壁。リチャード・フレイビン作。埼玉県小川町で作者が自ら育てた楮を原料に松煙で色をつけて漉いた紙。紙をちぎりながら蒟蒻糊で貼った。光の具合によって微妙にグレーの色が変化する。＊

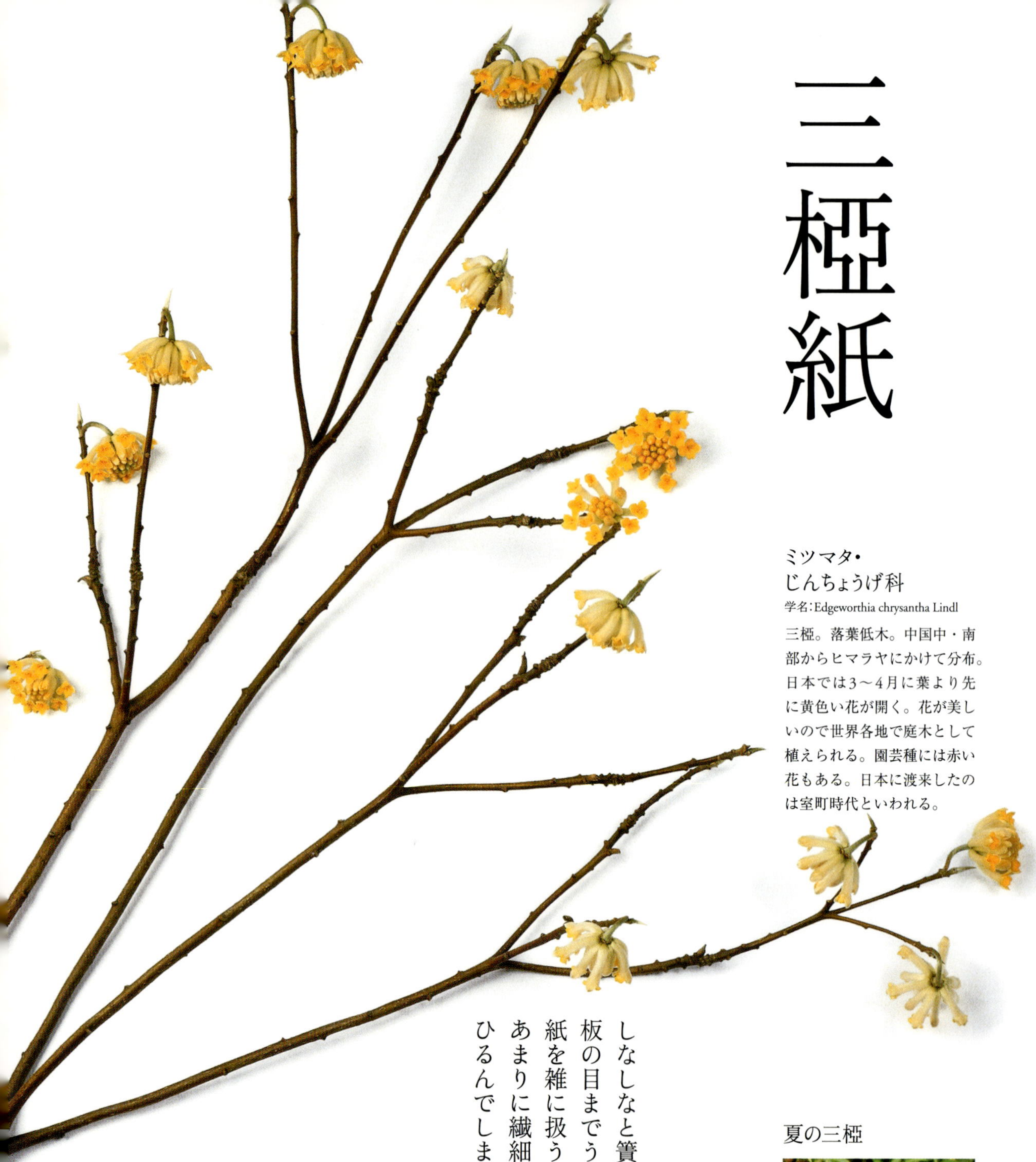

三椏紙

ミツマタ・
じんちょうげ科

学名：Edgeworthia chrysantha Lindl

三椏。落葉低木。中国中・南部からヒマラヤにかけて分布。日本では3～4月に葉より先に黄色い花が開く。花が美しいので世界各地で庭木として植えられる。園芸種には赤い花もある。日本に渡来したのは室町時代といわれる。

しなしなと簀の目が透け、
板の目までうつったほの赤い薄紙。
紙を雑に扱うことに慣れた私たちは
あまりに繊細な紙を前にすると
ひるんでしまうほど。

夏の三椏

花が終わると葉が茂る。＊

三椏の紙漉きに使うネリ二種

ノリウツギ。靭皮部分からの粘液を使用。＊

トロロアオイ。秋に大きくなった根から粘りが出る。＊

三椏《みつまた》の枝はどこまでいっても三叉で、四叉にはならない。ごくたまに二叉になった枝もあるがみごとに三叉だ。その三つに分かれた枝のこずえに黄色い小花がうつむきにつく。

所用で、たしか三月終わりごろ、京都に行ったとき、連れの女性は桜が好きでそれにはまだ早いことをしきりに悔やんだ。無粋な私もつられて残念ぶったが、哲学の道を通りかかって、そんな振りも吹き飛んだ。小道のあちこちに三椏の花が眩しく咲いていた。

桜に先がけて咲く三椏の花は、前の年からあきれるほど長くつぼみでいる。秋から早々とつぼみをつけてじっと黙ったまま。早春といわれる頃になって、もう咲くのかしらと銀色のやわらかなふさふさを見てもいつまでもそのまま。梅が終わって桜の前、蜂の巣状の房がうっすらと黄金色をおびる。そのひとつがちょうどタコの足がぴょんとはねるように持ち上がると、ようやく花を開かせる。

花の咲く時期も小花が集まって房になる姿も枝のつ

三椏の紙布糸

紙を裂いて撚りをかける。

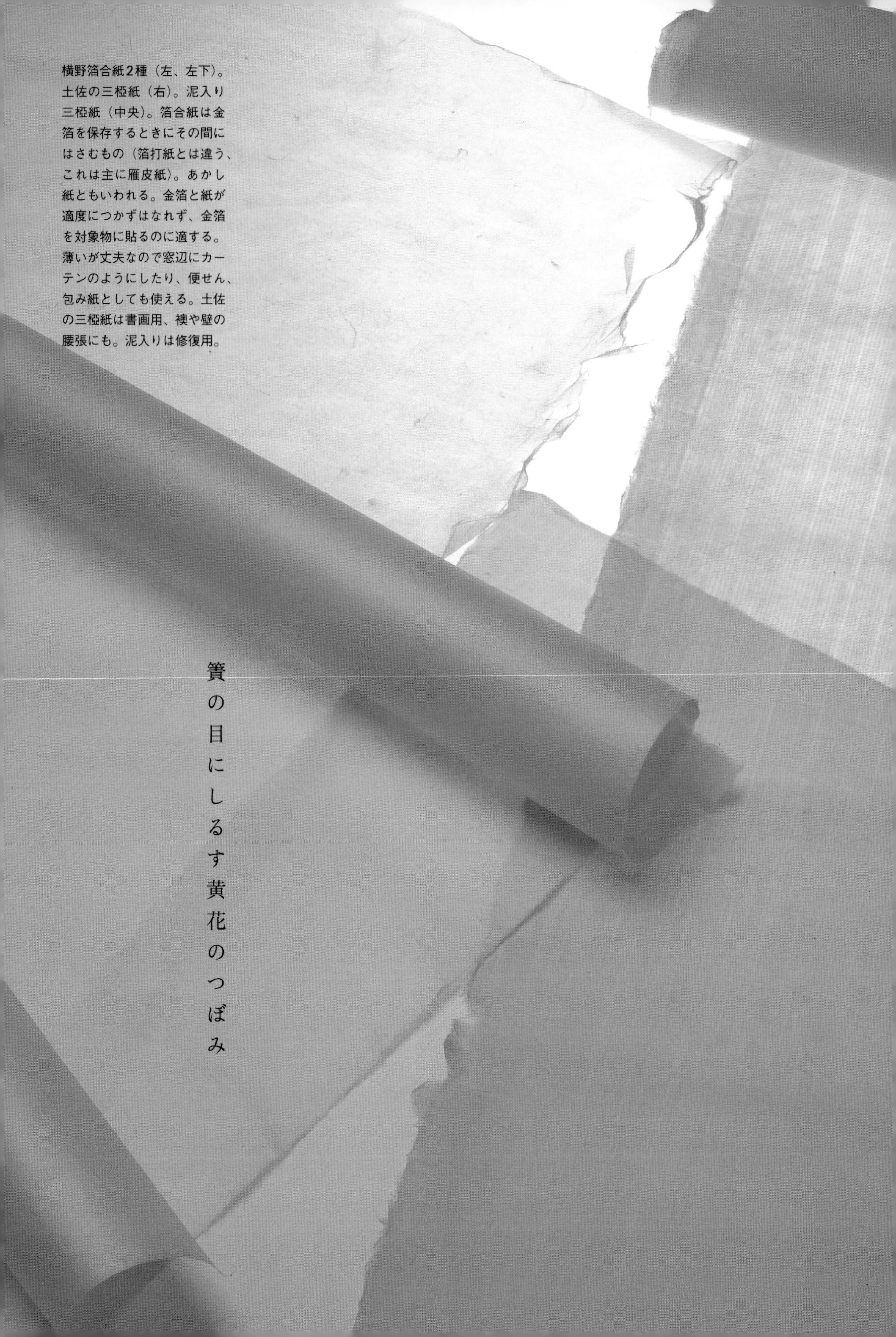

横野箔合紙2種（左、左下）。土佐の三椏紙（右）。泥入り三椏紙（中央）。箔合紙は金箔を保存するときにその間にはさむもの（箔打紙とは違う、これは主に雁皮紙）。あかし紙ともいわれる。金箔と紙が適度につかずはなれず、金箔を対象物に貼るのに適する。薄いが丈夫なので窓辺にカーテンのようにしたり、便せん、包み紙としても使える。土佐の三椏紙は書画用、襖や壁の腰張にも。泥入りは修復用。

簀の目にしるす黄花のつぼみ

紙布帯（しふおび）と半纏（はんてん）。矢谷美貴子作。紙布帯は緯糸（よこいと）に三椏の紙、経糸（たていと）に絹を使い、蓬（よもぎ）染め。半纏は緯に三椏の紙、経に楮紙。「三椏の紙はハリがあって糸に丸めにくいが、糸にすると丈夫でつやがあり、帯などに最適」と作者。江戸時代の反古紙でつくられた野良着を原点に独り黙然と紙布を撚り、織り続けた人だった。

きかたも沈丁花に似ている。ただし沈丁花は大っぴらに顔を上げて強い香を放つのに、三椏は下を向いてほのかに香る。

紙の原料としての三椏はこの可憐な花がつぼみのときに刈り取られる。もったいないようだが、三椏は株立ちし、紙にするのはその中の太く育ったものだけなのでご安心を。残された枝には花が咲く。

三椏の皮をむくのはなかなか爽快だと聞いていた。しかし素人には想像がつかない。楮は枝払いをしてまっすぐな棒のようになるからむきやすいが、三椏の枝は三つ三つに分岐しているのでややこしそう。それで試しにやらせてもらうと、なるほど、ちょっと爽快だ。

蒸した幹の根元から枝の先に向かって皮をはぐのは、ばんざいをした子どもの服をつぎつぎと脱がせるみたい。多少力がいるけど、ふたり一組で、ひとりは幹の根元を押さえ、もうひとりは皮を引っ張ってはがす。細かく分かれた小枝の先々まできれいに皮がむけて、つるつるの白い肌があらわになる。子どもの服を脱がせたというよりも、なんだか艶かしい。見とれていると、これは花材として需要があるのだといわれた。

下手な感情移入はしないにしても、つぼみのときに皮をはぐというのは、あまり気の進む作業ではない。せっかくつぼみができれば、それも香のいい可愛い花と知っていれば、なおさらだ。おそらくつぼみの時期に皮がむきやすく質のいい紙ができるのだろうが、つぼみのせいで三椏は紙になるのが遅かったのかな、とも思ったりする。

日本において楮《こうぞ》と雁皮《がんぴ》の紙は、少なくとも奈良時代まで堂々とさかのぼれる。ところが三椏は、室町時代という説もあるが（注）、江戸初期に紙の原料不足から代用原料として栽培され漉かれるようになったともいわれ、比較的新しい。

三椏の紙の起源についての定説はない。いくつかの説の共通項をまとめると、三椏の木は中国から渡来して、ある時期から駿河・伊豆あたりで紙として漉かれはじめた。そして後に関東や土佐に広がっていった。いつごろ中国から三椏が持ってこられたのか、またそのときにすでに紙になることも一緒に伝わったのかどうかはわからない。ともかく、中世期から三椏の紙があったにしても、広く栽培されるようになったのは人口も紙の需要も増えた近世以降であろう。

しかしあやふやな歴史を持つ三椏が一躍脚光をあびる時が来る。明治時代、紙幣用紙としてである。当初は雁皮が考えられたがこれは栽培が難しいので、三椏になったという。三椏は繊維が細く短く柔軟で、お札に欠かせない透かしが入れやすい。手漉きの三椏紙も簀《す》の目のあとがあり、これが三椏らしさのひとつになっている。

現在のお札は三椏の含有率はとても少ない。けれども膨大な紙幣が出回っているのだから今も産地にはそのための三椏畑がある。財務省印刷局に納める三椏を岡山県美作地方では「局納《きょくのう》ミツマタ」という。

原料の処理の仕方や漉き方の違いで、薄さ厚さ、色、光沢、手触りもさまざまな三椏の手漉き紙ができる。用途としては、書道の半紙、箔合紙や壁紙、襖紙などがある。

紙を雑に扱うことに慣れてしまった私たちは、あまりに繊細な紙を前にするとひるんでしまう。しなしなと簀の目が透け板の目までうつったほの赤い箔合紙などは、金箔を貼る仕事をしていなければまったく別世界の紙である。

しかしこういう紙で文《ふみ》などしたためてみてはどうだろうか。下手な字とくだらない内容でせっかくの紙を汚すのは恐れ多いけど、震えながら伝えたい気持ちを少しのせてみる。三椏の紙はどんなに薄くても意外に筆が運びやすい。鉛筆でも万年筆でも普通に書ける。

まるで神業のような紙は、日本製であっても便せん八枚ほどの大きさがファーストフードのコーヒー一杯よりも安い。この紙の後ろと先にどんな現実があるのだろうか。

モウソウチク・たけ科　学名：*Phyllostachys heterocycla*

孟宗竹。日本で最大の種類。直径20cm、高さ20 mを超えるものもある。稈（カン＝木でいう幹）の節が一筋。葉はマダケより小さく、枝分かれが多いので密に茂る。17世紀末～18世紀ごろに中国から渡来。

モウソウチクのタケノコ

3月～4月。ふつうにタケノコ（筍）といえば本種のもの。シロコとクロコ（写真）があって、土中から掘り出す白いシロコのほうが上等とされる。皮には毛が生えている。＊

竹細工

マダケは節の厚みが薄く、
小さな子どもでも簡単にハンマーで砕ける。
ところがモウソウチクではそうはいかない。
同じ竹といってもずいぶん違う。
かぐや姫がいた竹林はどちらだろうか。

マダケ・たけ科　学名：*Phyllostachys bambusoides*

真竹。モウソウチクに次いで大きい。稈の緑が濃く鮮やかで節は二筋。葉は大きく、枝分かれが少ない。細かく裂けて柔軟なので竹細工にはもっぱらマダケが使われてきた。ハチクとともに日本に古くからあるとされる。

マダケのタケノコ

6月初旬。通の人はモウソウよりもマダケのタケノコのほうがおいしいという。皮には毛がない。皮はおむすびを包んだり、版画のバレンなどに使われる。＊

よろずのことに使いけり

籠・笊・箕（かご・ざる・み）。ものを盛る籠、水を切る笊、穀物の殻や塵を除く箕。写真上の手付き籠と右端の大きな箕以外は青物といって、青竹を油抜きなどせずにそのまま編んだ農具や台所用品。籠職人は丸竹をヒゴなどにして、編んでかたちにするまでをほとんど鉈一丁でこなす。

箸・茶杓・へら。箸と茶杓は煤竹製。民家の天井部分に使われた竹が長年に渡って燻された。へらは炒めものなどに使って色つやが出た。編まずにつくる竹細工も身近に多い。

夏の昼食に流しそうめんをしよう、と竹を伐り出した。竹林の持ち主のおじさんに、なるべく真直ぐでそうめんを流すのにふさわしい太さのマダケを分けていただいた。そこにはモウソウチクの林もあるが「流しそうめんならマダケだな、モウソウは節が硬いからよ」とおじさんにいわれマダケにしたのだ。

長い長い竹を半分に割って、節をハンマーで砕いて、グラインダーで滑らかに削る。流しそうめんの経験がある友人から「節が残っているとそこに麺がひっかかるから、よく削るように」とアドバイスをもらっていたので念入りに節をとった。（その後そうめんは見事に流れ大成功。）

マダケは節の厚みが薄く、小さな子どもでも簡単にハンマーで砕ける。ところがモウソウチクではそうはいかない。稈《かん》の肉も節もマダケよりもぶ厚くて硬い。同じ竹といってもずいぶん違う。

●

日本人は竹に親しんでいるといわれる。確かに西欧にくらべればまだまだ竹製品は多いしタケノコもよく食べる。しかし我が身をふりかえると、タケノコ掘りをしたのも、モウソウチクとマダケの区別がつくようになったのも三十路をとうに過ぎてからのこと。素材として、植物としての竹にはまったく無知だった。

知人の仕事場が竹林のある民家に移り、はじめてタケノコを掘った。それは普通に目にする姿形だった。しかしそのタケノコが竹になるにつれて脱ぎ捨てた皮を拾ってみると、どうも売られている皮とは違う。猫のような毛が生えていてタワシで擦っても「売ってる皮」のようにはならない。縦横のプロポーションもいつもの皮よりずんぐりとしているし、こわい。あとでわかったが、おむすびを包むのは主にマダケの皮であり、拾ったのはモウソウチクのものだったのだ。

あるときそこの竹をバックに布の撮影をした。私には青竹の色はこうだという既成観念があったが、撮っているあいだも出来上がってきたポジを見ても思っていた色とは違う。ここの竹は白っぽいような薄いような色である。「なんでだろう。日当たりが悪いんだろうか」と思ったりした。これもあとになって、自分の頭にあったのはマダケの色だとわかった。マダケは濃く鮮やかな緑で、モウソウチクは淡く渋い緑で節のところに白い蠟質の粉が吹いている（特に若い竹にはこの粉がたくさんついている）。

恵まれているというのか、いやその逆なのか、何も知らずに竹を十把一からげにしてタケノコを食べ、竹皮や竹製品を使っていたのだ。そのころ飛行機に乗って沖縄にでかけては、彼の地の染織素材や民具について調べていたが、身近なものを見過ごしている自分に気づいて愕然とした。竹について何も知らない……。おそらく、これを読んでいるあなたも私と同じ思いを抱いているのではないだろうか。

だからここで質問。かぐや姫がいた竹林に生えていた竹は何だったのでしょうか？

●

日本の竹の御三家はモウソウチク、マダケ、ハチクといわれる。現在はモウソウチクの生育面積が最大で、次いでマダケとなりハチクはとても少ない。ところが1970年代の農林統計ではマダケがもっとも多い。マダケは柔軟で細かく裂けるので竹細工によく利用されてきた。それが減少し、かわってタケノコをとる目的でモウソウチクの割合が増えたそうだ。驚くことに春の味覚としてお馴染みのこのタケノコは江戸時代に中国から入ってきた新参者。対してマダケやハチクは日本の自生種とされる。その昔はハチクがマダケより多かったという説もあり、竹の世界も盛者必衰である。

人間がどのように利用するかによって竹世界のバランスが変化してきた。今ではモウソウチクがたくさんある里山でも、古くから住んでいる方に話を聞くと「子どものころはマダケばかりだった。竹トンボをつくるときはなるべく肉の厚いものを選んだけど、こんな（モウソウチクのように）厚い竹はなかった」といわれる。昭和10年から20年くらいのことだ。

すると、かぐや姫のいた竹の筒は少なくともモウソウチクではない。竹取りの翁は「竹を取りつつよろずのことに使いけり」というのだから、竹細工としてハチクよりも用途の広いマダケではないだろうか。

●

植物の茎の皮から糸をつくるときはほとんどの場合根元から裂いていく。そうでないと繊維が毛羽立ってやりにくい。だからきっと竹も根元から割ったり剥いだりするとばかり思っていたら、それが反対だった。竹は根元から刃をいれるときれいに裂けない。これにはかなり驚いた。

竹にはこのごろ驚かされっぱなしだ。

しなやかに伸びて木々にからまる蔓。
かごのはじまりは、
人がかごをつくりたくて素材を探したというよりは、
蔓の持っている性質が人にかごをつくらせた、
といえるかもしれない。

アケビかご

「かごって自由でいいね」と織物をしている女性がしみじみいった。

隣の芝生の青さもあろうが、布が織機の構造から四角い形にほとんど決まってしまうのに対して、かごはどんな形にでも編んでいけそう。四角四面でないところがなんとも自由。

手と（ときには足と）細長い材料があればどこでもできるのもうらやましい。仕事をよりよくするための道具は尽きなくても、基本的には刃物と目打ち、材料を水につけておくタライがあればすぐにでも始められる。

肝心の細長い素材はその気になれば都会でも、蔦や柳の枝などは手に入れられる。ワイヤーや新聞紙でもいい。織物では糸づくりが時間も手間もかかる大仕事だけど、かごの編み材にはほとんど加工しなくても使えるものがある。糸にはできなくてもかごには編みこめたりする。

発想しだいで、無限の素材と無限の形。う〜ん、自由ってそんなものね、と素敵なかごを見ると私もときどきうなってしまう。もちろん手にとれるモノとなったかごには、発想と技術がいったりきたりつながっている。

アケビ・あけび科

学名：*Akebia quinata*

本州、四国、九州、朝鮮半島、中国大陸に分布。北米東部にも帰化。葉が5枚の蔓植物。雌雄同株で雌花と雄花が咲く。紫の果実は食用で熟れると割れて、半透明の果肉につつまれた種が見える。漢方では茎を木通（もくつう）といい、利尿・鎮痛・通経などの作用がある。（同じく葉が5枚のゴヨウアケビというのはこのアケビとミツバアケビの交配種かといわれている。）

ミツバアケビ・
あけび科

学名：Akebia trifoliata

葉が3枚。アケビと似た性質だが、実が大きく、蔓の節がアケビより少なく編みやすい。寒いところに生育しているもののほうが蔓の赤い色が濃く、しなやかだといわれる。北海道から九州、中国大陸に分布。

ミツバアケビの蔓

地面をはっていた蔓を乾燥させたもの。

ミツバアケビの実

100年ほどは経つというアケビの棚になった大きな実。北関東9月下旬。＊

アケビの花

濃いピンクで大きく弾けているのが雌花。春先にまだやわらかな葉と。＊

雲をからめて
どこまでも

みだれ編みあけびかご。真木雅子作。この作品の素材はアケビ、そして光と風。花をいけるためにバスケタリーをはじめたという作者。この作品も中央のくぼみに落としをおいて花を添えると映えるが、何もなくてもそのままで花があるよう。食べ物を盛ってもいい。アケビの蔓の繊細さと強さがあますところなくいかされた現代のかご。

古いアケビかご。北陸地方でつくられた。左は背負いかご。右は腰にぶらさげて、山林労働用の小道具や昼食などを入れたのだろうか。

かごの素材は多種多様。しかし何かを入れて自立するというのが最低条件だから、糸などのように常にやわらかい素材はかごの構造材には向かない。

　さてここでなぞなぞ。

「形づくるときはやわらかく、できあがると硬くなって落としても割れない、おまけに軽いものなあに？」

答えは、もちろん、植物の蔓《つる》。

　金属や粘土もやわらかいときに成型するが、高い温度が必要だし、重たかったり割れたりする。

　蔓にもすぐに折れたり、乾くと粉々になるものがある。なぞなぞの厳密な答えは、昔からかごを編むために選ばれてきたアケビやつづら藤の蔓だ。

　乾燥させた蔓は一晩くらいはかかるにしても水につければやわらかくなり好きな形にできる。編み組んだ蔓の間にはものを入れられる空間ができる。そして乾くと弾力性を持ったまま固くなる。

　かごのはじまりは、人がかごをつくりたくて蔓を探したというよりは、蔓（もしくはよくしなる柳の枝など）の持っている性質が人にかごをつくらせた、といえるかもしれない。根源的な発想や創造力というのは素材、すなわち自然にひそむ力に呼び起されるのだから。

　編み材という点ではアケビ（特にミツバアケビ）は蔓の女王といえる。赤みがかってすらっと伸びた蔓、春先の可憐な小花がそれらしい。王様は青っぽい色で独特の匂いがあるつづら藤。アケビよりも蔓が頑固でたくましい。

　熱帯に育つ世界でもっとも長い蔓植物といわれる籐になるとこれはもう怪物、ドラゴンのよう。表皮には棘がはえている。この籐の素質を見抜いて使いはじめた人々の勇気と知恵には、ヤマタノオロチを制したスサノオノミコトも降参だろう。

●

　直径約2ミリの細いアケビの蔓を1×2センチほどの升目で編んだ小さな掛け花入れが手元にある。いわばスカスカの編み目のか弱そうなつくりだが、手でぎゅっと握っても蔓の弾力が外からの力をはねかえして、その形を保っている。

　4年くらいは経ったこの花入れの赤茶の色艶は褪せず、カビることもない。もしこれが小枝だったら簡単に折れてしまうのに、この繊細な透かし編みはびくともしない。

　なるほど丈夫で軽いアケビかごを昔の人は山仕事などに背負っていったわけだ。襠《まち》のあるかごに弁当や道具をいれたのだろう。今ではこのアケビの背負いかごに花をいける人もいる。風流な花入れになるようなものを日々の労働のともとした暮らしがあった。

　はたして今どきのリュックやカバンも、いつか花かごになる日が来るのだろうか……？

●

　音の響きのせいか「アケビ」と聞くと明るく弾んだ気持ちになる。「山を猿のようにころげまわって食べたアケビの実はおいしかった」と幼いころに母親から聞いた話や、青森がお里の友人がくれた手のひらにのるほどのかごが少女らしいあこがれとなって、私個人のアケビ観はつくられた。

「紫の細長い実がぽっかり割れて」というまだ見ぬアケビは山の動物たちと一緒に食べるおとぎ話の果物のようだったし、かごが編める植物というのも魅力的だ。実際はじめてその実がなっているところや、葉をつけた蔓が木々にまいているところを見たときは、あこがれのスターにでも会った心地がした。（はじめて食べた実は八百屋で買ったせいかがっかりしたが、山で口にすると魔法がかかったようにおいしかった。）

　ともあれ総じて女性はアケビ（実でも植木でも生け花でも）やそれでつくられたかごを見ると「まあ、アケビ」「へえーっアケビなの」などと感嘆する。おそらくさまざまなバックグラウンドからそれぞれの思い入れを抱いているのだろう。

　ふと、男の人はどうなんだろう、それもかごなんかには興味のない人だったらと思って、家人に聞いてみた。「アケビかごって知ってる？」

　彼は、かごといえばアケビでしょう、と当然のようにいって、それからつらつらと口ずさんだ。

心象のはいいろはがねから
あけびのつるはくもにからまり
のばらのやぶや腐植の湿地
いちめんのいちめんの諂曲《てんごく》模様

宮澤賢治「春と修羅」より

莚《むしろ》

細長い草を並べてつなげる。
それは人が植物に手を加えてつくった原初のカタチ。
衣や敷物になるなにか平たいシートをつくって、
太古、人類はヒトとして暮らしはじめた。

アダン・たこのき科

学名:Pandanus tectorius(odoratissimus)

亜熱帯〜熱帯に広く分布。日本では沖縄のいたるところに見られ、北限はトカラ列島の口之島とされる。幹からタコの足のように支柱根をおろす。この支柱根から繊維をとり縄に綯（な）ってかごなどがつくられる。葉はとげをとって草履や莚にされ、一時期は帽子（沖縄パナマ）が盛んにつくられた。オレンジ色に熟した実は甘い。

アダン全草。＊

サンカクピー・かやつりぐさ科

学名：Cyperus monophyllus Vahl

七島イ。薩南七島に生えるイの意味で、琉球畳の表に使われる。琉球イともいう。西表島ではサンカクピーといわれる。水湿地に生え、ときに沼田に栽培される。

サンカクピーの断面

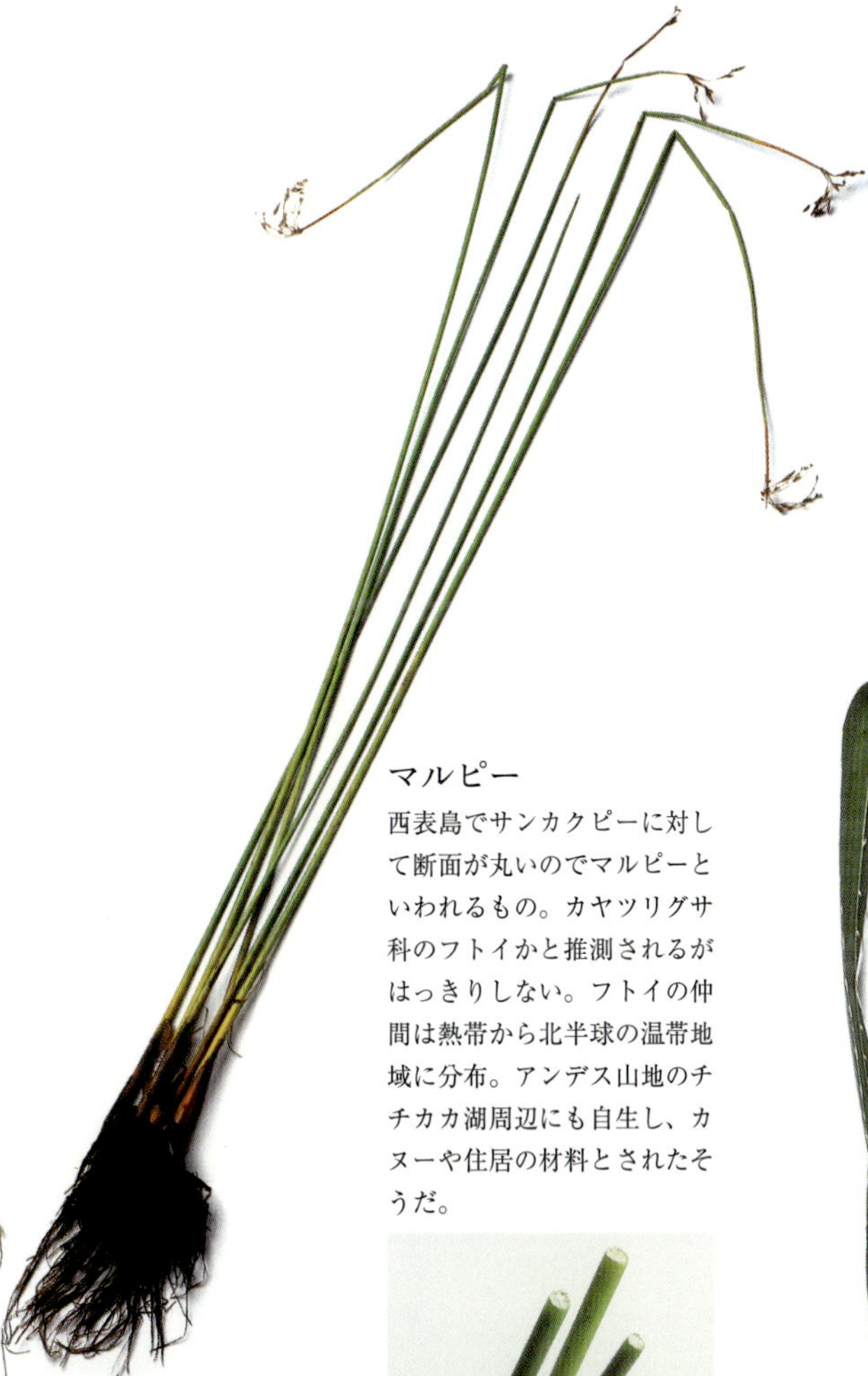

マルピー

西表島でサンカクピーに対して断面が丸いのでマルピーといわれるもの。カヤツリグサ科のフトイかと推測されるがはっきりしない。フトイの仲間は熱帯から北半球の温帯地域に分布。アンデス山地のチチカカ湖周辺にも自生し、カヌーや住居の材料とされたそうだ。

マルピーの断面

空飛ぶ絨緞があればどこにでも行ける、というのは千夜一夜の夢物語。でも、そんな絨緞を空想した人々の気持ちがなんとなくわかる。

家の中であれ外であれ、敷物を敷けばそこは特別な場所になる。座ったり寝たりできるような敷物さえあれば、どこに行ってもある程度、居心地がいい。だから、空は飛べなくても一枚の敷物はある意味で魔法の絨緞だ。

といっても日本のおとぎ話には、空飛ぶ莚やゴザは出てこない。絨緞と莚ではつくられ方の密度（手間や素材、織り込む模様の意味など）が違うからかもしれない。

しかし一畳大ほどの、使い捨てさえできる、草製の敷物も居心地のいい場所をつくってくれる。そして莚について知れば知るほど、これは魔法の絨緞に匹敵する、いやそれ以上のものかも、としみじみとありがたくなる。

ところで、ゴザと莚とはどう違うのだろうか。厳密な定義はないが、イ草で細かく織ったものをゴザ、藁で粗く織ったものを莚、と言い分ける向きはある。おそらく莚の方が古い言葉だろう。

ゴザは本来は「御座」と書き（茣座とも書く）、貴い人が座ったところをさしたというのが定説だ。一方莚の語源ははっきりしない。古語辞典などで拾ってみるといくつか曖昧な説明はある。曖昧だけど推理するのもおもしろいのでご紹介しよう。

ひとつは、ムは「裳（モ）」からきて衣服をあらわ

線から面へ、空を飛ぶ

アダンバムッス(左)とサンカクピーのムッス(右)。星公望作。西表島では莚をムッスという。南国にふんだんに生い茂るアダンは葉や根がさまざまな民具に使われる。刺をとったアダンの葉は自然にくるりと巻いてストロー状になるので弾力のある敷物ができる。経糸はアダンの根を裂いて綯った縄。断面が三角のサンカクピーはおそらく七島イと同種のもの。琉球畳表には裂いて使われるが、莚には裂かずにそのまま編み込む。

叺（藍一俵）。現在も藍染めの原料（すくも）づくりに藁莚は欠かせない。乾燥させた葉を発酵させるときには莚の上に葉を置き、莚をかぶせる。そして出荷するときには莚を袋にした叺に入れる。昔は塩、石炭、穀物などを入れたが、現在はほとんどみかけない。ちなみに写真の叺は機械織り、経糸はビニール。撮影／伊藤洋一郎

し、シロは「代」「料」で何かの材料だから、ム・シロは衣服の材料＝布となる。素朴な莚は織物の原形でもあるので、まあ納得できる。

もうひとつは、ムは「身（ミ）」で、この身そのもののこと。シロは糊しろとか縫いしろとかの「代」で、何かのためにとっておく場所であったり、「城」のように守られた領域を示す。だから、この身のための場所、となる。「席」をムシロと読むのだからこれもうなずける。

布の原形としての莚、安心な居場所としての莚。結局、語源はわからないが、どちらの意味もそれぞれに莚と人の関わりを暗示している。この稿でゴザではなく「莚」としてとりあげるのは、このふたつの暗示があるからだ。

莚は人が植物に手を加えてつくった原初のカタチ。衣や敷物になるなにか平たいシートをつくって、太古、人類はヒトとして暮らしはじめた。

●

細長い草を敷き詰めるように並べてつなげれば平面になる。「莚」という字は草を延べたものをあらわしている。

私たちは生まれたときから織物や編物に囲まれているから、なかなか想像できないけど、どういうきっかけで原始人は細長い草をつなぎあわせたのだろうか。草を集めて触っているうちに手が勝手に動いたのだろうか。

コロンブスの卵のように、できてしまったものを見れば、な〜んだと思うことも、最初の最初にどうやって発想されたのかは、宇宙のはじまりにも似たミステリー。そしてひとつの技術が生まれるとそれはあらゆるものの突破口となりうる。その代表的なものが、産業革命やコンピュータのもととなった織機で、そのルーツが機《はた》以前の莚編みの道具である（注）。

128ページの工程写真を見ていただくとわかるが、この道具は2本の二叉の木に経糸《たて》のガイドとなる溝を掘った板を渡しただけの簡単な構造である。その板の溝に、両端を石や木などに巻いた経糸に相当する縄を渡して、間に緯糸《よこ》となる草を入れ縄を交差させては編み進んでいく。単純だが、草を地面に並べてそれに糸を通して編んでいくよりずっと軽快に、整然と進むことができる。

この便利な道具を使って、手に入れやすい植物の葉や茎で莚状のものが編まれた。それは目的によって、敷物から、蓑《みの》、俵《たわら》、叺《かます》や、苫《とま》や簾《すだれ》などとなって、衣食住全般に関わってきた。そしてこの道具から機が生まれ、現在の暮らしがつくられた。

●

弥生時代のはじまりが、これまでの定説より500年も繰り上がったりするのだから、人類が過去からどのような道のりで今に至ったのか、時と場所と出来事を明白にすることなど到底できないだろう。しかし私たちは、人間を含むこの世の成り立ちと行方について思いを巡らさずにはいられない。

それにしても莚に思いを巡らすなんて暇人。でもこうしてパソコンとにらめっこしているのも莚から……、とそんなことを漠然と感じるとほんのり、生きているのも楽しくなる。

タイマ・あさ科

学名:Cannabis Sativa L

たいま、あさ、ヘンプ(hemp)。中央アジア原産とされる一年草。雌雄異株。生長は早く種蒔き後100日程で繊維用として収穫できる。背丈約230cm、茎は直径1cm前後。繊維は雌雄どちらからもとれるが、食用の麻の実は雌株で結実する。日本では1948年より大麻取締法で栽培は免許制となっている。写真は栃木で栽培される繊維用の改良品種トチギシロ。これには精神作用のある物質(THC テトラ・ヒドラ・カンナビノール)はほとんど含まれていないとされる。

雌株

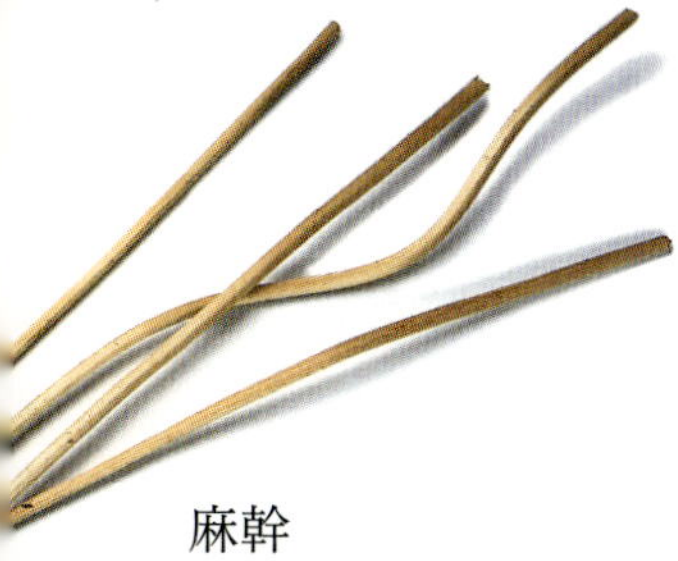

麻幹

オガラ。皮をむいて残った茎の芯。かつてはカイロ用の灰にされたが、今は炭にして花火の材料となる。屋根材にも使われてきた。お盆の松明や生け花の素材に。

麻垢

オアカ。麻ひき（大麻の皮を精製）するときに出る表皮の一部を洗って乾かしたもの。紙の原料や、壁土にまぜるスサになる。昔はこれを紡いで自家用の布にもした。

大麻糸

精麻を細かく裂いた糸。庶民の着物や蚊帳に織られ、現在も上布（じょうふ）や神官が着る狩衣（かりぎぬ）に使われる。

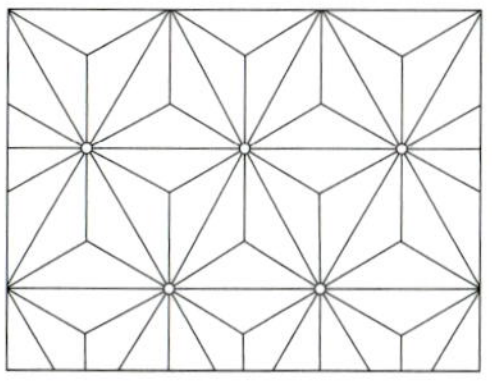

麻葉模様

麻の生長にあやかり、また魔よけにもなるとされ、赤子の産着や半纏（はんてん）に刺し子でほどこされた。

大麻

シルクロードよりはるかに古いヘンプロード。
私たちの祖先は少なくとも
一万年は前に大麻と出会いそれを縄に綯っていた。
そして土器に模様をつけたのだ。

麻は捨てるところがないという。

この麻、すなわち大麻は茎も実も葉もあまさず使えるかなり重宝な植物だ。（注）

まず茎の皮からは糸や紐にする繊維「精麻《せいま》」がとれる。精麻にするときに出る「麻垢《おあか》」は紙の原料になる。皮をむいて残った茎の芯「麻幹《おがら》」はお盆に供える茄子やきゅうりの足にしたり、屋根材にも使われてきた。

種子は食用、七味唐辛子でもおなじみの麻の実だ。油もとれる。花穂や葉は鎮痛剤などの薬用になる。

まるで無駄のない大麻だが、これを使いこなすのは人間次第。大麻繊維を布や紐にしたり、屋根材を葺きかえる暮らしがあってこその有用植物だ。各工程で出る、ほおっておけばゴミになるものをきちんと集めて保管する手際も欠かせないし、どの用途を主にするかによって栽培方法も変わる。

おそらくこれらは人と大麻の長い関係が培ってきた丸ごと利用の知恵なのだろう。しかし人の暮らしは移り変わり、ときに急激に変化して、せっかく培ったも

雄株

恐れる　触れる　麻の精

精麻。麻引（おび）きされた精麻は屋内で陰干しされ、黄金色に輝く。この後、島田（昔の女性の髪型）という形に束ねられ、仲買人や問屋の手に渡る。最終的には神社の注連縄、お守り、横綱の綱、下駄の芯縄、凧糸などに加工される。

麻紙と灯り。大森芳紀作。大麻農家に生まれた大森さんは、大麻の現代の使い道を探る。精麻や麻垢の繊維を手漉きした麻紙はやわらかな風合いが特徴。右端は精麻100%、隣は麻幹を三割混ぜた紙の裏と表、ほかヨシや杉を混ぜた紙。壁紙としての需要も多い。丸い灯りは右が麻垢を表面につけたもの、左は精麻の長い繊維を生かして。

のがあれよあれよと消えてしまったりする。

　大麻はまだ消えてはいないが、その行く末は私たちがどのような暮らし方をするかによる。いや、ヘンプの熱烈な支持者たちはこういうかもしれない。私たちの行く末は大麻をどのように利用するかによるのだ、と。

　大麻はある意味で特殊な境遇にある植物である。

●

　石器や動物の骨、土器にくらべると植物の繊維は残りにくい。土に分解されてしまうからだ。けれども保存状態に恵まれた縄文初期の遺跡（福井県鳥浜貝塚）から約一万年前の大麻の縄が出ている。

　それはちょうど氷河期が終わり、気候の温暖化にともなって森林が増加したとされる時期だ。日本はすでに大陸とは陸続きではない。中央アジア、ヒマラヤあたりを原産とする大麻は、まだ日本列島が大陸と地続きだったころにナウマン象を追ってこの地に来た人々とともに入ってきたのだろうか。

　とすると、彼らは大麻の栽培を知っていて種子を運んだのか。それとも食料や薬草として運ぶうちにこぼれた種子が繁殖したのか。あるいは人とは関係無しに風に吹かれたり動物にくっついたりして生育範囲が広がったのか。

　すべては想像の域を出ないが、いずれにしても私たちの祖先は少なくとも一万年前には大麻と出会いそれを縄に綯《な》っていた。そして土器に模様をつけたのだ。

●

　あまたある草木のうち、ついに栽培されるに至ったものと人との出会いの原初はどんなふうだったのか。大麻のプロフィールをちょっとのぞくと、そんなことを考えたくなる。

　もし人類が定説のようにアフリカから発祥したなら、また大麻が中央アジア原産ならば、二者はどちらかもしくは双方の移動で巡り会ったのだ。

　独特の香を放つ植物に人が好奇心をもつのは自然のなりゆきで、恐る恐るその葉や茎に指先を触れたのだろう。茎を折っても皮が強くてちぎれない、実をつぶせば油が出る。当然、ハイな気分になることも知り、人は恐れながらもこの草を興味津々に扱ったに違いない。

　やがて大麻は西に東に広まった。ヘンプロードはシルクロードよりずっと前にあったのだ。

●

　大麻から糸をとるのに日本では発酵させるのが主だが（129ページ工程参照）、畳や莚《むしろ》の経糸《たて》には生のまままはいだ皮を使ってきた。これは精麻ではなく麻皮《あさかわ》といい、今はあまりつくられていない。油分があってカビやすいがひっぱりには強いらしい。昔の人が最初に縄にしたのはきっとこの麻皮だろう。

　生のまま皮をはぐなら手軽にできそうだ。春に種を蒔けば100日で収穫だから、是非やってみたい。しかし大麻育成ばかりはいくらやりたがりの私でも試せない。

　「大麻取締法」があるからだ。免許無しに栽培すれば逮捕され、苧麻《ちょま》のように野生化しているものがあったとしてもそれを刈り取れば、吸う目的でなくても違法なのだ。このために大麻はものづくりの素材としては特殊な位置にある。

　ここでは細かく述べないが大麻取締法に附随して生産者側には面倒なことが多く、需要の筆頭であった繊維素材としてはマニラ麻やナイロンなどにとって代られ、大麻の生産は戦後激減した。それでも依然として繊維も種子も大麻でなくてはという根強い需要があり、それに応えてきた生産者がいる。

　おかげで大麻は、まるで犯罪者扱いされながらも、極東の地で人に利用されながら生きている。念のために書いておくが、大麻草自体には全く罪はない。

　交易文化を象徴するシルクロードに対して、ヘンプロードは何を象徴するのだろうか。行き詰ると初心に戻れといわれるが、大麻の道は人類の初心、人と自然が純にからみあって生きていたころを想起させてくれる。

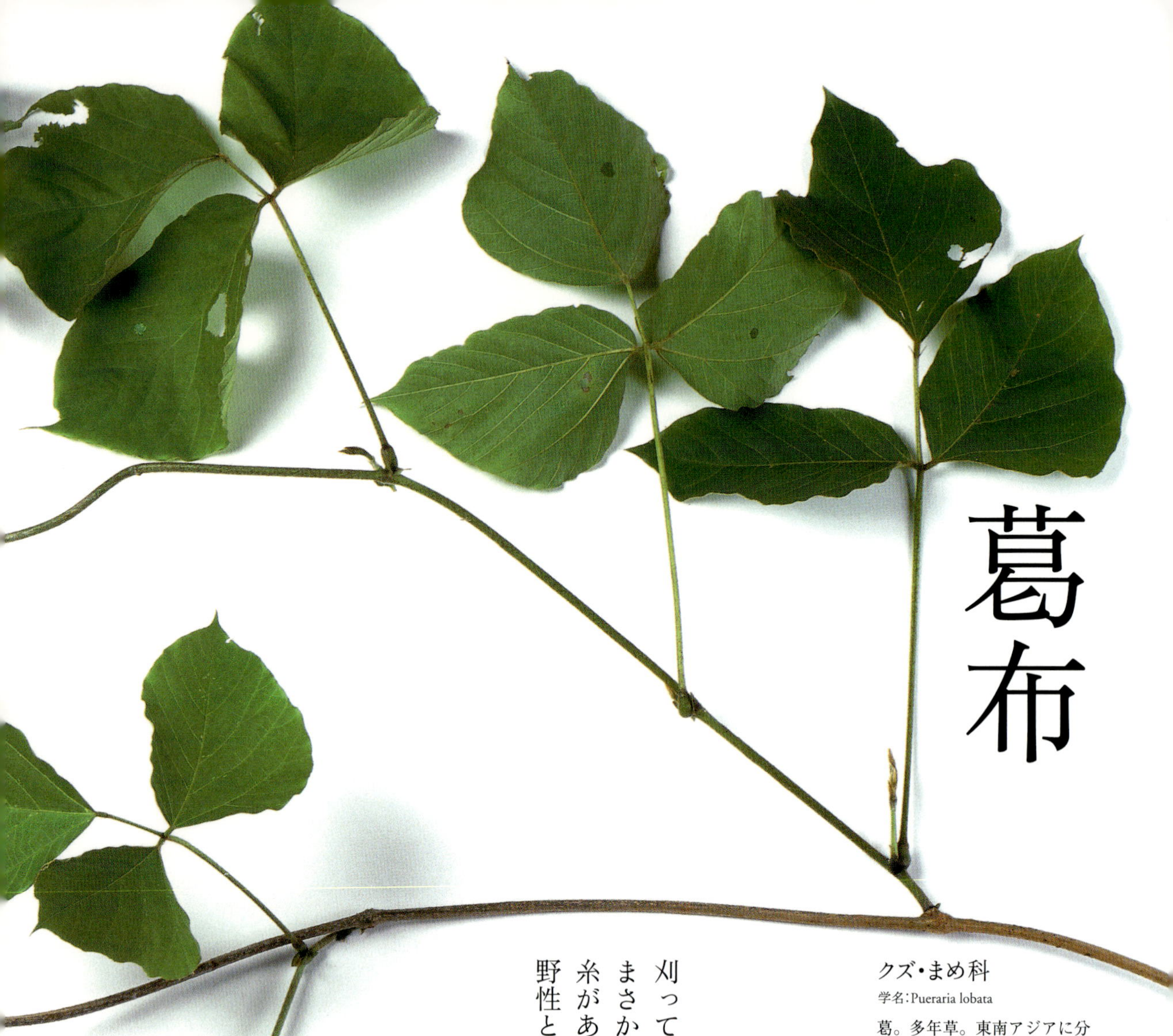

葛布

刈っても刈っても伸びる蔓。
まさかこの強情そうな草の中に白く輝く
糸があるとは——。
野性と人との出会いを思う。

クズ・まめ科

学名：*Pueraria lobata*

葛。多年草。東南アジアに分布、日本各地の山野に生える。秋の七草のひとつ。蔓の長さは10m以上にも達し、まわりの木々をおおってしまうほど旺盛に繁茂する。19世紀末に斜面の土壌侵食防止のために北米やヨーロッパに日本から導入されたが、現在は強烈な雑草として防除が問題となっている。根は薬用（葛根湯）や葛粉として料理やお菓子に使われる。以前は家畜の飼料であった。

葛の花＊

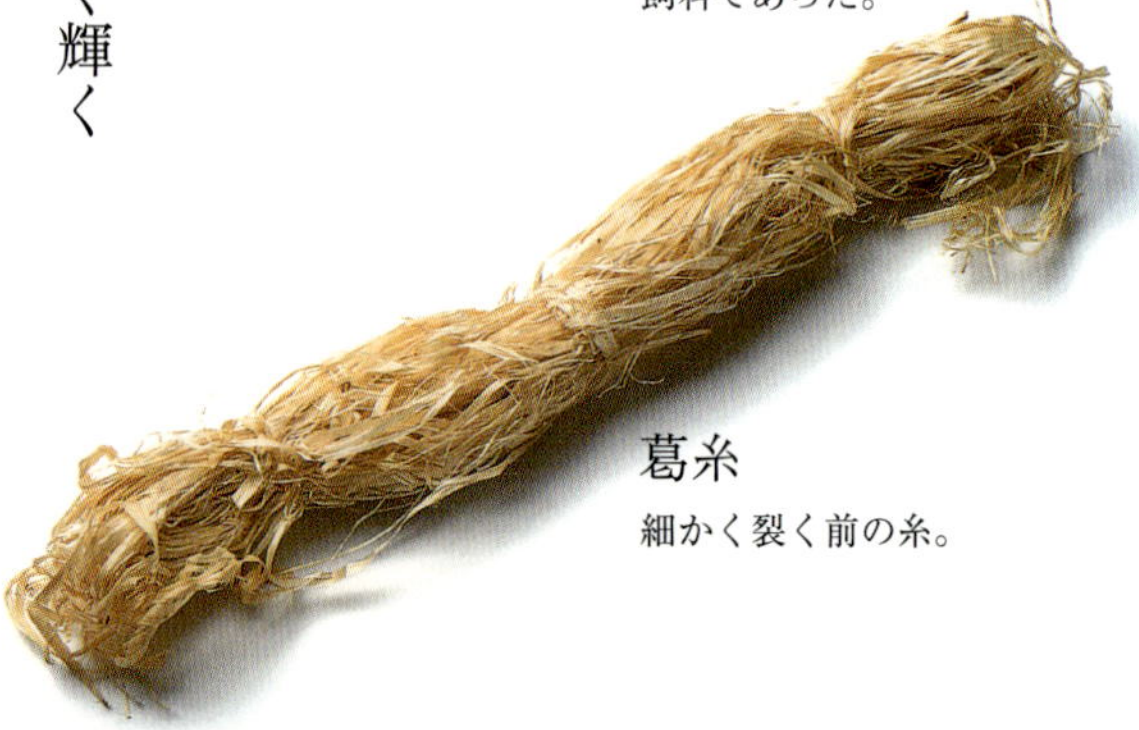

葛糸

細かく裂く前の糸。

濃く甘く、スーッとする香りに思わず辺りを見渡す。

近くで葛の花が咲いているのだ。

この香りに逢うとたいていの人は「どこかで嗅いだことがある……」と記憶を辿ろうとする。

葛の花が匂いたつのは、暑さにも慣れたというか厭きたというか、そんなころ。秋の七草のひとつだから、昔の人はこの花で季節の移りを感じたのだろう。夏中生い茂ったたくましい草がついに咲かせる紫の花は、うっとりする芳香で私たちを思い出の彼方に誘う。

8月にもなればあちこちで、ぶどうジュースのようなあの香りが漂う。

卯の花白く葛引くをとめ

葛布。矢谷左知子作。この作品の魅力はどこから来るのだろうか。「野生の繊細な力こそが私に布を織らせてくれる」という作者の詩がひとつのヒントになる。

一群を見つけ分け入る
腰を低め草世界に降り
草々をいただく
見上げると
重なりあった草の間から
きれぎれに覗く真青な空
虫達はこのように
世界を見ているだろうかと
ふと手が止む
深い緑陰の中
土に腰をおろす
草の空に包まれる
真夏の安堵

刈っても刈っても伸びる葛の蔓《つる》は、太くて強くて、茶色がかった毛がもしゃもしゃ生えてこわいほど。おまけに蔓のあちこちに黒っぽいかついカメムシが、互いにおぶさるように群らがっていたりする。

まさかこの草からあんなにつややかな糸がとれるとは信じられない。葛を編んだ籠もあるが、これは無骨な味わいで、やはりこの蔓の中にキラキラの糸が隠れているとは思えない。

しかし葛が輝くばかりの糸になるのはホントだから、ものずきな（?）方には葛の糸とりをお勧めしたい。130ページの工程のように煮たり埋めたりできなければ、刈り取ってコンパクトに丸めた蔓を水をはったバケツに入れておくだけで、暑いと一晩くらいで外の皮がぬるぬるに腐ってくる（最高に臭い）。上等な糸にはならないが、葛から白い光沢のある繊維が出てくるところを簡単に見られる。

葛布（生成）。矢谷左知子作。経糸は機械紡績のラミー麻糸、緯糸に作者が採集して繊維を取り出した葛の糸を織り込んでいる。右ページの作品は藍、矢車附子、苧麻、栗などで染めた糸を入れているが、こちらは葛の繊維を染めずにそのままをおいた。

「それを見たからって、だから何?」といわれると困るけど、葛だらけの（ある種たいくつな）風景に胸騒ぎを覚えるようになれるかもしれない。ついでに千年も前の万葉の歌が手触りと臭いまでともなって聞こえてくる。

霍公鳥《ほととぎす》　鳴く音聞《こえ》くや　宇の花の　開《さ》き散る岳に　田葛《くず》引くをとめ（万葉集巻十 一九四二）

「田葛引く」というのは、ただ草刈りをしているだけともとれるが、葛布《くずふ》のために蔓を手繰り寄せているところとも読める。

ほととぎすの鋭い鳴き声のもと、もくもくと葛を集める娘。卯の花の白い花びらが葛糸の白さを呼ぶ。散るものと生まれるものとが大胆に交叉する蒸し暑い季節がよみがえる……。

卯の花が散る梅雨ごろから葛はぐんぐんと伸びはじめる。この6月から8月が葛の繊維の採集時期である。

●

葛布は実物の流通も過去の資料も少なく、私には謎の布だった。けれども草はたくさん生えているので、簡単な糸とりや織りを何度か試してみた。

その結果、とても光沢はあるが、苧麻《ちょま》や大麻などの繊維と比べるとあまり丈夫ではなかった。自分のやり方が下手なせいもあるが、数少ない資料にも「葛は糸が裂けやすく撚《よ》りをかけづらいので経《たて》糸にはしない」などと書かれていた。（経に糸をはるには強度が必要、撚りをかけると糸は強くなる。）

たしかに江戸時代からの葛布の産地静岡県掛川辺りでは、経糸に綿や絹を使い、撚りをかけない葛糸を緯《よこ》だけに織り込む。江戸時代には武士の袴《はかま》や裃《かみしも》、近年では帯やショールなどのほか、裏打ちして襖地にされてきた。

撚らない平たいままの葛糸は植物繊維中でもっとも光沢があるといわれる。だから江戸時代以前は別として、葛布というのは光沢を生かした撚りをかけない布が主流で、また宮中行事の蹴鞠《けまり》の袴に今でも使われるので、贅沢な布としてだけ残っている印象を私はもっていた。

どの繊維植物よりも身近にはびこっているのに、苧麻や大麻、楮《こうぞ》、藤、シナのように庶民の労働着にならなかったのはやはり糸が弱いからだろうか、と思ったりした。

しかし一方で「葛布は丈夫で野良着にもなった」という記録を読んだり、経緯ともに葛で織ったと説明のある道中着を見る機会もあり、現代人の知らない葛布があるのでは?　という気もしていた。

●

鹿児島県甑島《こしきじま》列島の村々で、経緯ともに撚りをかけた葛糸で織った普段着が昭和30年ごろまで着られていたのを知ったのは、つい最近のことだ。染織専門誌（『月刊染織α』No.216/218　染織と生活社）に掲載された千田百合子氏の報告書を読んだからである。そこには葛の着物を着た経験をもつ、年長の方々の生の言葉が書かれていた。上甑村と下甑村の各資料館には葛の糸や衣、道具が保存されているという。

葛をとる時期や場所、糸にする方法によって、労働着にも耐える葛布がつくられたのである。このことにも驚くが、今の自分にもつながる普通の人々が、葛のようないわば飼いならせない大型蔓植物とごくごく身近につきあっていた、この事実に身震いする。

芭蕉布

そのまま育てば南風にそよぐ葉となるものに
人の手が添えられて布になった。
夏の高価な着物地としてでなく
今もなお家族のために織る人々がいる。

リュウキュウイトバショウ・ばしょう科

学名：*Musa balbisiana colla*

琉球糸芭蕉。東南アジアからミクロネシア、ポリネシア西部まで野生分布する。九州南部まで屋外で越冬可。いつごろから現在の沖縄地方で栽培されるようになったかは不明。2～3年ほど育ったものを糸とする。なお『世界有用植物事典』（平凡社）によると、本州で見られるバショウはバショウ属の中でもっとも耐寒性のあるもので、糸芭蕉の近縁とされる。

糸芭蕉の花＊

撮影／垂見健吾

チング巻した繊維と裂いて績(う)んだ糸。

細かく裂く前の原糸。

畑ではいだばかりの原皮。

エー(琉球藍)とテーチの絣染め。

フクギ(福木)染め。

テーチ(車輪梅)染め。

これからはじまる祭りを見るために集まった人々。最前列には、縁者に囲まれて折り畳み椅子に腰掛けるおばあ。背筋を伸ばし、身につけているのはまぎれもない芭蕉布《ばしょうふ》。

おばあのまだらに白い髪が風になびき、皺のきざまれた額を撫でる。祭りのはじまりをざわざわと待つ人群れの中で彼女は動じない。張りのある襟と首元の隙間。南風が芭蕉の着物を通り抜ける。彼女は一点をみつめたままだ。

黄土色ほどの生成地に藍の縞。着古されたこの着物は彼女が織ったものだろうか。生きている芭蕉布に初めて遇った。秘祭といわれるこの祭りで異邦人の私が身震いしたのは、子どもがおびえる神の登場よりも、おばあの存在だったかもしれない。

日が暮れる。スチール椅子の曲線が本日最後の光を反射して沈む。芭蕉着と一体化したその人は黄金色の光を、じわっ、とたくわえていた……。

糸芭蕉の偽茎の断面

葉に育つところが輪になって巻いており、ここをはがして糸にする。外側から内側になるにつれて繊維がやわらかくなる。用途に応じてそれらの糸を使いわける。

真南風《まはえ》にそよぐ葉の衣

煮綛芭蕉布（ニーガシーバサー）。平良敏子・美恵子作。琉球王国の都、首里を中心につくられたのは赤や黄などの華やかな色が入った芭蕉布。庶民のもの（山原芭蕉布）とはまったく印象が違う。山原芭蕉布は織り上がってから精錬するのに対して、煮綛芭蕉布は糸の段階でよく精錬（煮綛）をする。この作品は残された資料から、平良敏子さんと平良美恵子さんが復元した。鮮やかな赤は、数種類の染料を重ねることで得られた。左ページとも、撮影／垂見健吾

これは「聞いてもいけない、言ってもいけない」祭りでの出来事だから、とある南の島の光景、とだけしておこう。けれどもほんとうに私はあれを見たのだろうか。芭蕉着の人は何人かいたのかもしれないのに、脳裏に浮かぶのはひとりだけである。夢、みたいだ。

●

「實際美しいものが、現在尚も作られてゐるといふことは奇蹟にも等しいことのやうに思はれます」

柳宗悦が『芭蕉布物語』にこう書いたのは昭和17年の夏である。その後戦争を経て、芭蕉布は時代の波に翻弄されながらも、喜如嘉《きじょか》の平良敏子氏や家族のために糸を績《う》んで織る女性たちによって今の今まで、沖縄のいくつかの地域で伝えられてきた。

特筆したいのは、夏の高価な着物地としてだけでなく自家用に織る人が、かなり少ないが、いる事実である。たとえば、喜如嘉の芭蕉布会館の近在で糸や反物を納める女性たちは、ある程度の年令になると「家族に残したい」といって、しばしば売るのをやめるらしい。

芭蕉布の魅力のひとつはそこにあるのだと思う。何もかもが売り買いされる中で、そうでないところでも存在するということ。そして織り上がったものが、つくり手や身内の自己満足を超えた出来ばえであれば、やはりこの時代に芭蕉布のようなものがあるのは奇蹟なのだ。

この奇蹟をどう受けとめようか。

●

植物繊維の糸は、種子の毛、茎や幹の皮、葉脈などからつくられる。木綿糸は種子毛から紡がれ、亜麻・苧麻《ちょま》・大麻の糸は茎の皮（靭皮）の繊維である。

芭蕉の糸は、バナナと近縁の琉球糸芭蕉の葉脈からつくる。ただしあの緑まぶしい大きな葉っぱから直接とるのではなく、私たちが茎か幹だと思い込んでいる太い棒状のところからだ。

この部分は植物用語では「偽茎」と称され、ゆくゆくは葉になる乳白色のものたちが巻き重なって潜んでいる。玉葱のように層をなして、外側から内側になるにつれて繊維はやわらかく細くなる。

喜如嘉では芭蕉を倒して偽茎をはぐときに、上皮、中皮、内皮、芯部（注）の四つに分ける。はいだばかりのものはつやつやで、芯の近くはピンク味を帯びている。これらを原皮といい、どこの部分なのかわかるように収穫しているときに、原皮の束には葉や花びらが目印につけられる。上皮は座布地、内皮は着物地用などにする。

山原芭蕉布（ヤンバルバサー）。沖縄本島北部、喜如嘉の女性が明治期に身につけた苧芭蕉衣（ウバサギン）。着古した芭蕉布を継ぎ合わせて仕立てた対丈の着物。生成に琉球藍と車輪梅の絣が山原芭蕉布の特色。

そのまま育てば南風にそよぐ葉となるものに、人の手が添えられて布になった。それが芭蕉布である。

●

先に述べた某南の島では、芭蕉布だけではないが、母や妻が織った着物をまとって男は祭りにのぞむ。町内会で業者に注文したそろいのハッピも楽しいが、自ら育てた植物で糸をつくり、染めて織ったものを着るというのは、何といったらいいのか、祭りの根源のようだ。

祭りとは基本的には「人間の営み」の象徴であろう。私たちは、この身をとりまく自然の恵みからものをつくること、でしか生きていけない。

自然が少ないといわれ、ものづくりの空洞化が危惧される日本の都会でも、人々は天然自然の恵みをたっぷりと享受している。だからおおかたは便利で快適に来たのだ。が、このまま受けっぱなしだけでいけるわけはない。じゃあどうするのか。

話が広がってしまったが、芭蕉布とその成立ちの一連の事柄に少しでも接すると、私としてはうっすらとした希望が浮かびそうなのだ。現在の経済の基準からは芭蕉布の未来は明るいとはとてもいえない。しかしあえて付加価値という言葉を使うなら、実に芭蕉布は、現代に生きる私たちにとって、人と自然のあり様を語ってくれる付加価値そのものである。

青苧(あおそ)

うっすらと緑が残るのは内皮を乾燥させたもので、通常はこれを裂いて糸にする。外皮をつけたままで粗く裂いた繊維(下)が、敷物や間仕切りなどに使われることもある。

田畑の脇や河原の土手に生えているたくましい草から績《う》まれる布。
かつて私たちが野山にあって、
そこからの産物で
衣食住をまかなっていたころの記憶がよみがえる。

茎(右)から皮をはがし(中)、外皮(鬼皮ともいう)をとる(左)。この外皮と芯のあいだのやわらかな内皮(靭皮・じんぴ)が糸となる。

カラムシの糸

これは宮古上布(着尺)ではなく、帯用となる太めの糸。宮古島のおばあの手で績まれた。

茎からはがしたばかりの野生種の生皮。

上布

カラムシ・いらくさ科

学名:*Boehmeria nivea*

苧麻(チョマ)。ラミー(ramie)。沖縄では「ぶー」とよばれる。日本各地、中国、インド、マレーに分布する多年草で亜種が多い。人里近くの野山に自生するが、商品としては畑で栽培され、温帯では年に1～2回、亜熱帯～熱帯では年に4～6回の収穫ができる。写真はまだ若い野生種(以前に栽培されて野生化したのかもしれない)。

野の風すずやかに香る

宮古上布二点と苧麻綾織帯（左端）。仲宗根みちこ作。上布本場の地、宮古島で暮らす作者は「上布は糸がいのち」という。現在は「十名以上のおばあ」から手績み糸を得るが、将来のことを考えて近所の人に糸績みを教えている。写真手前、生成地の作品は、沖縄のビーマという絣の手法をとりながらも全く新鮮な布となった。手括りの細かい絣と控えめな染め色が、苧麻（ぶー）の美しさを生かす。

あっ、ここにもそこにも苧麻《ちょま》がある。
布好きの女性なら誰しもあこがれる「上布《じょうふ》」。その糸となる植物は田畑の脇や河原の土手あたりにいくらでも生えている。

けれども私は（繊維関係の仕事をしていたにもかかわらず）、つい最近までそこいらに根をはっている雑草が「麻の中では最上級の性質」（注1）を備えた、あのあこがれの布のモトとは知らなかった。だから、牧野富太郎植物図鑑のイラストとそっくりな草をみつけて、それをポキッと折って強い繊維を認めたときには、大袈裟かもしれないけど、歓喜した。

こんな身近にあったなんて！

●

上布とは、苧麻で織った布のなかでも最も細い糸で薄く仕上げた上等の着尺地のこと（注2）。たいていは細かい絣の柄が染められている。かつては年貢納入のために織られ、庶民が上布を着ることはほとんどなかった。

しかしそこまで上質ではなく、精緻な模様もない布は、自家用として織られていた。日本で木綿が庶民の衣料として普及する江戸時代前くらいまでの、古代から中世にかけての何千年もの間、老若男女が纏《まと》った衣の中心は、およそ苧麻布であった。

そのせいか気のせいか、私は自分の皮膚の記憶に苧麻の肌触りが残っているように感じてならない。手のひらをあてるとひやっこく、撫でれば少しざらざらとしたこの感覚、前にもどこかで……。どうもこの布には、なつかしさにも通じる不思議な魅力がある。

そういえば、野趣があるといって手工芸品を愛でたりする。それは我々がかつて野山にあって、そこからの産物で衣食住をまかなうものをこしらえていたころを無意識に思い出すからかもしれない。繊細極まる上布にもその野趣がほのかに漂う。

●

蒸し暑い日本の夏に苧麻ほどふさわしい衣料素材はない。上布を着慣れた人は「風が体を通り抜けていく」という。汗を吸い、放って、肌に冷涼感をもたらす。織りの密度が同じような綿と苧麻の生地を一緒に干してみるとよくわかる。苧麻のほうが早く乾く。

上布用の糸は人の手で一本一本つくられるが、海外で生産される苧麻の大半は機械で紡績され、「ラミー」の表示で夏服素材として出回る。ラミー糸も苧麻繊維の性質を受け継いでひんやり感がある。上布といいながら機械紡績のラミー糸を使っているものも多い。

草の布。矢谷左知子作。野山に自生する苧麻を織る作者は、毎年夏に草採りをする。前年は生えていた場所も地域の一斉草刈りで丸刈りになっていることもしばしばだという。糸は長くつながず、織るときに重ねて接いでいく。写真右手前は絨毯のように苧麻を結んで小さな草原のよう。草そのものを感じることが彼女の創作。

しかし、手績み（注3）と機械紡績では原料は同じでも、繊維を長くつなげていく方法がまったく違う。

手績みでは、内皮を細く縦に裂いて、50センチ〜1メートルほどの長い繊維そのままの端と端を縒《よ》りあわせて糸にする。必ず植物が地面に生えていたときの上下の方向を揃えてつなげる。根元と頭、根元と頭、といった具合に。おそらくこの作業の機械化は、指先の超器用なロボットができないかぎり難しいだろう。

一方、機械紡績では内皮のにかわ質・ゴム質などの夾雑物をとりさって、繊維を平均70ミリほどにばらしてから紡ぐ。これは絹の機械紡ぎとほぼ同じ方法だ。

●

どの植物にも繊維質はあるが、糸にしやすい植物は限られている。朝顔やカボチャも蔓は長いが、糸にはできない。また、苧麻のようにすんなりと糸がとれ、なおかつそれが細くて丈夫な植物は稀だ。葛も藤も土に埋めたり煮たり手間がかかるし、大麻は苧麻と同様の工程でも糸がとれるが、たいていは発酵させてから繊維にする。

そんなこんなで苧麻は長きに渡って、我々の肌の近くにあった。木綿が出ても合成繊維が大声で機能性をうたっても、日本の夏が蒸すかぎり忘れ去られはしなかった。そして今でもちょっと目を凝らせば、意外と近くにたぶん縄文時代とほとんど変わらぬ姿で生きている。皆さんもこのたくましい草を見かけたら、糸取りを試してみてはいかがでしょうか。

上布にする糸にはほど遠くても、野に生える草の茎から糸らしきものを引き出すのはすごく楽しい。

綿ワタ布団

はじめて棉の実のはじけた姿を見た人は必ず目を丸くして驚く。
人が加工しない状態のままで
ふわふわのひとかたまりの「ワタ」なのだから。

綿繰り機

種子と綿を分ける江戸時代からの道具。実繰（みく）りともいう。

コットンボールをあつめたところ。これから種をとり、綿打ちなどの加工をする。

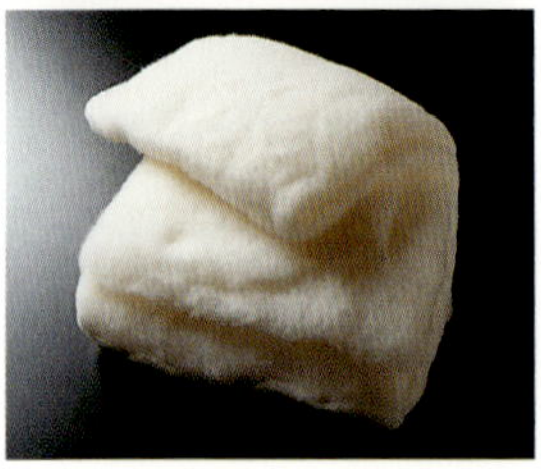

綿

製綿した日本綿。広げると一畳大、300g。ふっくらとコシがあり、布団には最高。手で紡ぐとしっかりとした太い糸ができる。

コットンボール（綿の実）

ワタ・あおい科

学名：Gossypium arboreum

日本棉。インド・中国・朝鮮などから入ってきたアジア棉の種が、日本の気候風土に適したものに淘汰され定着した。現在は日本棉による綿の生産高は統計ではゼロだが、篤志家の手によっていくつかの品種が育てられている。花が咲いたあと緑の堅い実（桃）が下向きになり、それがはじけてコットンボールとなる。

夜に日なたをとりこんで

昼寝布団と座布団。和泉屋製綿所。デイベッドにあわせた細い幅の布団（60×230㎝）は、一端をまるめて枕に。手前の薄い座布団は「おばあちゃんの旅座布団」。畳んでカバンに入れて、駅や病院の待ち合い室で使える。クッションタイプにはポリエステル綿が10％混入。ほかは綿ワタ100％。ざっくりとした生地は手紡ぎ茶綿の手織り布。まだらな柄は綿の柿渋染め。

「ちゃん、背中にお布団がくっついてる」

人前であっけらかんという幼い息子に父親はギクリ。よそでは藁でなく布団で寝ているといえ、と釘をさしておいたのに……。

こんな落し話を柳田國男が「民間些事」（昭和2年）に紹介している。農民の寝床が藁や籾ガラから木綿に移る過渡期のことだという（注1）。しかし昭和30年代になっても藁しべを布地に詰めた「しべ布団」が東北の農村にはあった。買わずにすむ藁を使ったのは、貧しさや習慣からか、それとも戦争で綿の輸入が減ったからか。東京オリンピック開催前夜の日本においても、布団の詰め物は木綿のワタとはかぎらなかった。

明治中期以降、綿糸の紡績機から出た屑（落綿）が布団の中綿に使われだすと、一部の庶民にもふかふかの綿ワタ布団が手に届くようになった。木綿は今でこそもっとも身近な天然繊維だが、明治時代までは贅沢品だった。布団綿よりも、まずは糸にして布に織られた。

エジプト綿のストール。堀口度子作。繊維の長いエジプト綿を手で紡ぎ、手織りした生成の布。

●

インドやペルーでは紀元前から使われていたコットンだが、日本に広まったのは江戸時代以降のこと。熱帯の植物である棉（注2）を温帯の風土で育てるには時間がかかった。徳川光圀の「大日本史」によると8世紀末に三河の国に棉の種が伝わり、九州四国南紀あたりで育てられた。けれども大規模な栽培には至らない（注3）。通説ではその後、700年もたった15世紀末の大陸伝来の種により、棉栽培が日本各地に定着したとされる。そして江戸時代には木綿布が藍の色に染められて庶民の身体を柔らかく包む。

長く続いた麻の時代が木綿の時代へと大転換する。木綿を栽培し加工するために、農業や手工業の技術、流通の仕組みが改良開発されていく。まさに近世日本の革命的新素材だ。地球規模では産業革命や植民地政策、奴隷制度などと密接に関わってきたし、今では大安売りカジュアル衣料の中核である。棉は様々な意味で大きな力を持ち続ける植物なのだ。

●

棉は綿繊維の特徴によっておおまかに3つに分けられる。短かくて太いアジア棉系、中くらいの米棉《べいめん》系、長くて細いエジプト棉系。

細い糸に紡がれるエジプト棉系の綿は高級品で、海《かい》島綿《とうめん》もこの仲間。一方、私たちに身近な衣類のほとんどは、機械紡績しやすい米棉系からつくられる。アジア棉系は機械紡績の効率が悪く、糸にするよりも布団綿や脱脂綿にされることが多い。日本で江戸時代に栽培された棉はアジア棉の一種だ。

現在、日本で敷布団や座布団に詰めるのはインドから輸入したアジア棉系の綿。機械紡績にあわないという後ろ向きの理由ではなく、太くて短い繊維こそがコシがあり、敷布団に向く。ところが掛布団には米綿が多く使われる。繊維が長い綿の方がしんなりするので、布団を掛けたときに身体になじむからだ。

日に干してふんわりぱんっとした綿ワタ布団の感触は、羽毛や羊毛、ポリエステルのワタでは味わえない。お日様の匂いのする布団は身体をのびのびとゆったりさせてくれる。夜になって、ひなたを寝床にとりこむなんて、ずいぶん洒落たアイディアだ。

しかし都会の住宅事情や8時間以上家から離れて働く生活では、布団干しはままならない。手入れの楽な寝具がいい……。けれどもこんなライフスタイルがこの先も続くのだろうか。好きな仕事をしながら、たまには空を見て布団を干し、布団綿を打ち直したりする暮らしが将来にないものか。

●

はじめて棉の実（コットンボール）に触れた人は必ず目を丸くして驚く。人間が加工しない状態のままでふわふわのひとかたまりの「ワタ」なのだから。たんぽぽの種やワラビの新芽についたワタも、棉のワタに比べたらごくごくささやかだ。

棉の繊維には天然の撚《よ》りがあり、繊維どうしがからまりやすいので糸になる。棉は別に布団や糸になりたくてこんな綿毛を持ったわけでもなかろうが、人はそれを真似て合成繊維のワタや糸をつくってきた。

棉はどうして自分の種子をふわふわに包むことにしたのだろうか。水をはじいて浮かぶ性質のおかげで海を渡って遠くの島々にたどりついた、という説はあるが、よくわからない。けれどももしそうだとしたら、なぜそんなに海の向こうに憧れたのか。

お日様の香りの綿に包まれて、私たちはまだまだ果てしない夢を見る。木綿の布団から新しい暮らしが再び、緩やかに始まることだってありえる。

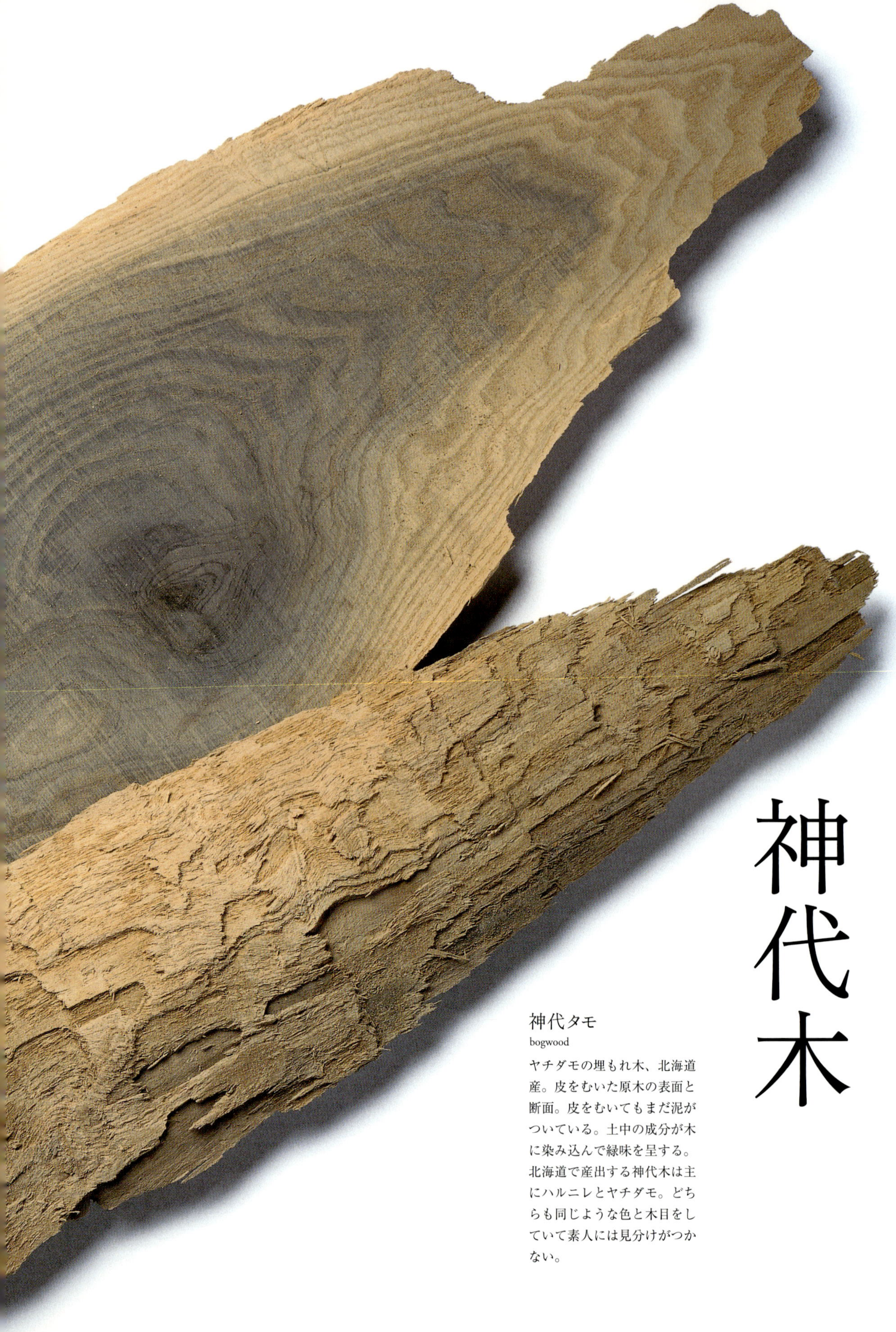

神代木

神代タモ

bogwood

ヤチダモの埋もれ木、北海道産。皮をむいた原木の表面と断面。皮をむいてもまだ泥がついている。土中の成分が木に染み込んで緑味を呈する。北海道で産出する神代木は主にハルニレとヤチダモ。どちらも同じような色と木目をしていて素人には見分けがつかない。

丸太のまわりには乾いた泥がついている。木の香りとは違う匂いがする。泥の匂い？　ピータンみたいだと誰かがいった。うすっすらと緑じみた灰色の埋れ木、神代《じんだい》ニレが帯鋸《おびのこ》の台に乗る。

「最初に見えるのがね……」

　木工作家の三谷龍二さんがそっと首をかしげて、様子をうかがうように縦に鋸の入った丸太をみつめる。

　鋸が進み、泥を被った外側が板状に一枚ぱたりと削がれ、瞬間、木の内面があらわれた。

（あっ）

　深い緑色の濃淡と鮮やかなベージュのマーブル、濡れてつややかな木肌。

（三谷さんはこれを見てるんだ）

　板に挽いた木はみるみる乾いて静かな緑灰色に落ちつく。おそらくあの深く瑞々しいものを再び内に仕舞いこんで。

●

　北の大地に眠っていた古代の大木が何の因果か信州松本の製材所にやってきて、五月晴れの涼やかな大気を呼吸した。

　その日に板となったのは直径50センチほどのハルニレとヤチダモ。北海道で産出される神代木は主にこれらニレとタモである。

　千年以上前に地震や台風などで倒れ、灰や土砂に埋もれた木が、河川工事現場などで掘り起こされたのだ。日本では〝神代のころの木〟とされ、これら埋れ木をとくに神代木とよぶ。

　森や林で見かける樹木は倒れると、たいていなら苔むし朽ちて、やがて土に返る。しかし尋常でないほどの激しい天然自然の揺れにあった樹は、それとは違った輪廻に入り転生する。

倒れた樹木は、
たいていなら苔むし朽ちて、やがて土に返る。
しかし尋常でないほどの激しい天然自然の揺れにあったとき、
それとは違った輪廻に入り転生する。

挽かれたばかりのまだ瑞々しい、神代タモの断面。＊

激しさのあとの静寂

神代楡（ニレ）板皿。三谷龍二作。三谷さんのつくる山桜や楢、胡桃、栗などの木の器は、日常の暮らしに木の美しさを運んでくれる。銘木とされる神代木を仰々しくなく、しかし材の持ち味を充分に生かした姿にできるのは、この作家だからこそ、と改めて気付かされる作品である。上が板目、下が柾目。

神代楡ボウル。三谷龍二作。素材をよくよく感じてものづくりをする作家にとって、神代木をくり抜くのはなかなか決意のいることのようだ。削って木屑となるところがあるから、器ができる。

たとえばこの5月の神代ニレやタモのように木工家の手で板皿になったり、あるいはもっと昔に埋もれたものは石炭や亜炭になって機関車を動かしたり人を温めたりした。環境によっては珪化木（注1）にもなるし、沈香の上等のものは埋れ木から採るらしいから、香木となって雲母の上で焚かれる巡り会わせもあるのだろう。

樹は様々な運命を歩むのである。

木工に使われる北海道産の埋れ木は、石狩川・十勝川・天塩川の本・支流や田んぼの底約5～15メートルのところから発掘されている。これらの木は炭素14での年代測定（注2）によっていつごろ倒れたかがわかるらしい。

巷に流通する北海道産のものはおおよそ1000～4000年前ぐらいのものが多いようだ。そんなにも長い間外気に触れることなく、水分の多い泥炭質や粘土質の地中に腐らずにいたのである。

埋れ木はよくタイムカプセルに例えられる。過去の植生や気候、地殻変動などが読み取れるからだ。しかし当たり前のことだが、数千年前の木がそっくりそのままの姿で地下に封印されていたのではない。

土の中では人間の感覚を超えた出来事が起こっていて、埋れ木にはそれらが刻まれている。

地に根をはって生きていたころの年輪を残し、なぎ倒されたときの天変地異の跡をしるし、その後静かに長く続いた土とのやりとりに身を染めている。

神代木が新しく山からとってきた材と違う色をしているのは、土中成分が木の中にしみこんで反応したためだ。単純には説明できないが、ひとつには鉄分が木材のタンニンと結びついて発色したと考えられる。

色だけでなく、繊維の質も変化する。木の骨組みをつくっていたセルロースが減るので、腐敗はしなくても材木としてはもろくなる。しかし木工品用には丈夫なものが選ばれて加工も慎重にされるせいか、使い手にはもろさがほとんど感じられない。それよりも新しい材にはない質感として伝わってくるもののほうが大きい。

神代木の色と肌合いは、人の一生でははかりしれないほどの時をかけて微細に染まり、つくられたものである。私たちがその木目の色模様に惹き込まれてしまうのは、それなりの理由があるのかもしれない。

けれども、そういうストーリーを売り物にされるとかえって興醒めしてしまうだろう。幸運にも、私の場合は埋れ木をよく知らずに美しい神代ニレの作品に会い、きれいだなあ、どうしてこんなにきれいなんだろう、と飽かず眺めることができた。埋れ木には神代杉など銘木として扱われてきたものがあるとはまったく知らなかった。

こういう原稿を書く機会もあって、今回私は埋れ木について調べた。しかし願わくば、この拙文を読む前に神代木の作品に触れていただきたい、と希望するのである。

生長が早く、板にしやすい木。
大海の片隅の小さな列島にこの木がなかったら、私たちの物語は今とは大きく違っていたかもしれない。

無人島に流れ着いたロビンソン・クルーソーは一枚の板を得るのにたいへんな苦労をする。一本の木を伐り倒して両面を削って平らにし、厚さ3インチの板を手にいれる。42日間もかけて。

しかし板に挽く鋸《のこぎり》がなくても、もしその島に杉の大木があったらロビンソンの運命は違っていたかもしれない。斧さえあれば割って板がとれる。よって住まいは快適になり生活道具も事足りて島に定住しようとするか、あるいは船をつくって脱出するか……。

この空想には日本人の歴史が重なる。今は日本と分けられるこの地域に、杉の木がなかったら私たちの物語は今とは大きく違っていた。大海の片隅の大陸から離された小さな列島で、大きく生長し板にしやすい樹。この植物とのかかわりがひとつの文化圏をつくっていく。

●

杉林で名高い神社に行ったとき一本の中径木が縦に割れていた。腐ったのか木のなかほどで折れて、倒れきれず繊維にそってざんばらに裂けている。長めの短冊というのだろうか。皮ははがれてぶらさがり金属質の光沢をちらつかせている。こんなふうに自然に割れた木を太古の人も見て、なにかアイデアが浮かんだのかもしれない。

およそ5500年前の鳥浜貝塚からは杉の丸木舟が発掘された。それから時代が3000年ほど下った登呂遺跡では木製品の80%以上が杉製だった。花粉分析法などの調査によれば、少なくとも本州における4500～1500年前あたりは杉の大繁栄期にあたっており（神代杉もこの頃のものが多い）、登呂の近くにも径の大きな杉がたくさんあったようだ。田んぼの矢板から倉庫の壁板、田下駄、機織具、また片口などの刳り物まで杉でつくられていた。

しかし杉の本領はなによりも板になることだろう。鋸がないときに割って板がとれる木がどれだけありがたかったか。いくら大木がぐんぐん育っても、割れなければ細い木を選んで丸太小屋をつくるしかない。急な斜面から丸太を運び出すのは、その場で割った材を運ぶよりも難儀だ。地面が凍るとか、河の流れを利用する技術が発達しないと運べない。

また親子三代の歳月を待つにしても杉は生育が早い。同じく針葉樹で割りよい檜は、大木になるのに杉よりも時間がかかる。目のつまった良材は高価だから寺社や御殿には使えても、庶民の家まではまかなえない。百年という時間はいそがしい現代人には果てしなく感じるが、明治くらいまでの人にとってはちょうど見渡せるときの流れだったのかもしれない。

大きなものでは船や住居、比較的最近では電信柱に小学校の机と椅子。板として角材として、または丸太のまま、暮らしのあらゆる場面で杉は使われてきた。

●

室町後期に普及したとされる結い物の杉桶と樽が、酒や味噌の大量生産を促した。曲げ物の桶では大きさに限界があり、陶器では重すぎる。竹箍《たが》という絶妙なパートナーとの出会いもあって杉は桶樽材としてさらに活躍の幅を広げる。竹（主にマダケ）は側板どうしを強く締められ、塩分にも耐える（竹くぎとしても使われた。135ページ工程参照）。

杉

スギ・すぎ科

学名：*Cryptomeria japonica*

常緑の高木。大きなものは高さ50m、胸高直径5mほどに達する。雌雄同株、開花は春3〜4月。従来1属1種の日本特産種とされてきたが不明な点もあり決定ではない。すぎ科のものとしては寒さにも強く、日本では屋久島から秋田まで大変優良に生育する。写真の枯れ色の球形のものは前年秋に実を結んだ球果。黄色く房になっているのが雄花つぼみ。葉枝の先に小さくついているのが雌花つぼみ。学名クリプトメリアとは「隠されたもの」の意で、球果が葉で覆われていることから名付けられた。2005年1月中旬神奈川県で採取。

桶 櫃《ひつ》 家 船、用の木より

杉桶。南部桶正作。左から時計回りに、飯切り（寿司桶）、おひつ（蓋付き）四合、おひつ八合、一夜漬け桶（中蓋付き）。南部桶正では、いっさい接着剤は使わず、竹くぎとホゾと箍でつなぐ。すべて白木。飯切りは金山杉の白太、他は吉野杉の赤身。漬け物桶は塩が出るので竹箍。

杉皿。杉の木クラフト作。生成の皿。上のみ荏油仕上げ。和洋を問わず料理がはえる。シンプルな形ほど杉の良さとつくり手のセンスがあらわれる。経年変化も楽しみ。

庶民の生活を写した中世から近世の絵画や古い白黒写真を見ていると、どこかしらに桶樽が載っている。それらが結い物であればたいていは杉材なのだ。今ではほとんど使われていないものがかつては暮らしの基底にあったと知って驚く。そして容器の材料や製法の変遷を思う。今後何十年後かの人々が、現在の生活風景を見たら、容器だけでなくあらゆるものに石油起源の素材が使われていることにまた驚くかもしれない。

そのとき人は何を土材料として暮らしているのだろう。それはさておき、水分を含む食材はもちろんのこと、それをつくる元である肥料も杉桶で運ばれた。江戸時代、世界に類を見ない糞尿のリサイクルができたのも杉のおかげだと『杉のきた道』（中公新書）の著者は書いている。

　結い桶は杉の特性をあますとこなく発揮してできたもので、単純な製法はとても成熟している。特大の仕込み桶は鋸引《のこび》き板を使うが、基本は割った板を鉋《かんな》で仕上げてつくる。かつては桶づくりの道具専門の鍛冶屋さんがいて、桶の口径に見合ったサイズの鉈《なた》や鉋の類いがそろった。桶づくりは一大産業だったのだ。

　それは見方によれば、杉を中心として鉄や竹関連の職人、里山の植生のあり方などがからみあったシステムだ。しかしプラスチックや金属製のバケツやタンクが出てきて、木桶に象徴される生活様式が変わる。同時にほかの杉製の道具もつくられなくなっていった。

●

　底の浅いエコロジーにかぶれていると山にいって杉林だとがっかりする。「なんだ杉山か」。モノトーンで陰うつな景色は人のおろかさとばかり……。思い込みがあると美しいものも見えない。とげとげしくかたいと遠ざけていた杉の葉は触ってみると意外にやわらかく、葉のような茎のような細やかな線がしなやかに弧を描く。冬の緑は瑞々しく、弧の先で雄花は黄緑に点滅する。

　まるで杉讃歌になってしまうのは、すまない気持ちがあるからだ。気がつけば杉のものに触れない日はない。障子の桟、トイレの戸、天井板、棚板、糸の小枠。馴染みのカフェでは古い杉の道具箱や棚を什器にしていた。たまたま自分が築60年ほどの家に住んでいて、カフェは古道具屋も兼ねているせいもあるが、ざっと見渡しただけでもこれだけあって、それらを今まではただ「木のもの」と見過ごしていた。建築家や専門家でなければ私のような人は多いはずだ。けれどもそこが杉の良さでもある。気づかれないほどつつましく軽やかな木。

　放置された杉山をどうするか、問題は山積して途方にくれ、安直なムードははばかれるけど、杉の軽さは今の暮らしにもあっている、と思う。この風土に適した資源のひとつであることをもう一度見直したい。お金になるからといってやたらに杉を植えた時代を過ぎ、それに失敗した私たちが、これから「杉とゆく道」を考えていくのは当然の成りゆきだろう。その取り組みは簡単ではないが、古びて艶がでたり、現在もつくられている杉の道具に触れると、こんないいものを使える暮らしになるなら自分も杉に対して何かしたくなってくる。

　といっても私の場合は誰かがつくってくれた杉の道具を大切に使うことしかできない。そして押し付けにならないように公平にその良さを言葉にのせることぐらい。たとえば次のように。

　現在の暮らしの中ではメンテナンスの楽な製法や塗装が要求され、それによって杉の用途は広がっている面もあるが、手入れを通したつきあいもしたい。伸縮したり古びたりすることも取り入れたデザインがもっとあってもいい。真新しい杉の肌はきれいだが、大きな面積に新しいままの木目などが見えるのはうるさくもある。しかしそれが時の作用で熟《う》れてきたときに杉のさりげない美しさが表われる。

　なにしろ杉は杉山のメンテナンスからはじまる。山にあるときからまた道具になってからも、手入れをしていくというスタイル抜きには杉とゆく道はないのかもしれない。

植物の章／初出

インテリア・マガジンCONFORT［コンフォルト］
藍染め／2002年8月号（No.55）
草木染／2003年2月号（No.61）
柿渋／2003年1月号（No.60）
漆／2004年3月号（No.74）
紙衣／2002年10月号（No.57）
楮紙／2003年6月号（No.65）
三椏紙／2004年6月号（No.77）
竹細工／2003年12月号（No.71）
アケビかご／2004年2月号（No.73）
莚／2003年8月号（No.67）
大麻／2004年1月号（No.72）
葛布／2003年9月号（No.68）
芭蕉布／2003年7月号（No.66）
上布／2002年9月号（No.56）
綿ワタ布団／2003年5月号（No.64）
神代木／2003年10月号（No.69）
杉／2005年4月号（No.83）

動物の章

ヌメ革
羊毛
生糸

いつだったか
わたしたちは大きな象を追って
ついに大陸の端までやってきた。
食べるため、休むため、着るために
いつのまにか
野にある虫や牛や羊と近くなって
もはや互いに離れることはできない。
歌うため、踊るため、描くために

ヌメ革

素材を生かすも殺すも、それを手にした人間しだい。
渋で丹念に鞣されたヌメ革は、自然の生き物を
まぢかな素材として暮らしてきた人々の賢い姿を映している。

同じ牛の皮を素材にした和太鼓の皮とカバンの革。しかしふたつの「カワ」の質感はまるで違う。漢字も違う。なぜだろう。

たとえエルメスやグッチが大好きだとしても、皮革製品のなりたちについてたいていの人は無頓着だ。牛の種類によって皮の質が違うのだろうか。和牛と洋牛？　それとも牛の年令でカワの質感が変わるのか。

かくいう私も知らなかったが、和太鼓もカバンも基本的には同じ種類の肉牛の皮からつくられる。質感の違いは加工の仕方によるのだ。

動物の「皮」(hide・skin) は鞣《なめ》されて「革」(leather) になる。

はいだままでは腐ってしまうナマモノを、植物、鉱物、油脂などによって、丈夫で長持ちする素材に変化させ、しっとりしなやかに仕上げる。その技術が「鞣し」である。カバンの牛革は鞣された質感なのだ。

一方、和太鼓の皮は膠《にかわ》が固まったように硬い。これは鞣し革とはいわずに生皮《きがわ》という。透明感があって、どことなく自分の足の裏の皮がむけて乾いたものに似ている。皮は鞣さずに乾かすとカチンコチンになる。

ミモサエキス固形

アカシア科の植物から抽出したタンニンエキス。南アフリカから輸入される。このまま水に溶かして鞣しに使う。

ヌメ革

鞣しただけで染めていない革。次第に飴色に変化する。上がオーストラリア牛の厚い革、下が国産牛の薄い革。革の裏面を削って厚さを調整するが、もともとの牛によって厚さ、柔らかさ、肌理の細かさなどは異なる。

原皮

げんぴ。オーストラリアで日本輸出用に育てられる肉牛の皮。飽和食塩水に浸け固形塩をまぶした塩漬けの状態。首などのよく動かすところは皺が多く、腹部辺りは伸び、背中は分厚く締まっているなど場所によって特徴がある。

草木に染まり革となる

本ヌメ革草木染めバッグ。南埜次郎作。上はカテキュー、下はログウッドで染めている。刷毛で染め液を塗りながら革に染み込ませいく。革を裁断して染めて、蠟引きの麻糸で一針一針縫い締めていく作業までを一人でこなす。特注の木製留具などディテールにまで気がゆきとどいている。

ひとことで鞣すといっても様々な方法があり、時代によっても変わってきた。今もやっているかは不明だが、エスキモーは皮を歯で噛んで鞣したらしい。また日本には、牛の脳漿《しょう》（甲州印伝の鹿革）や、菜種油（姫路白鞣の牛革）での鞣し技術が古くからあった。

現在、私たちの身の回りの革製品のほとんどはクロムで鞣されている（注）。染めてあるとわからないが、クロム鞣しの革は水色をしている。作業用の革手袋などに青ざめたような色が多いのを不思議に思った方はいないだろうか。あれはクロム特有の色だったのだ。

水色で柔らかいクロム鞣し革に対して、ベージュで硬めなのがヌメ革。植物から抽出したタンニンで鞣す。紀元前600年ごろには地中海沿岸地方で使われていたらしい。どうやって鞣すかというと、毛を取り去った皮をタンニン溶液に何日も浸けておく。その後、皮裏を削ったり、油を加えたりするが、基本は布を染める工程とほとんど変わりない。まるで草木染である。

鞣されながら染められて、革はベージュがかった色になる。この色が次第に飴色になっていくのが、生成のヌメの魅力のひとつである。

牛でも豚でも山羊でもヌメ革になるが、専門用語では、同じタンニン鞣しでも靴底用に厚く硬くした牛革はヌメ革とはいわず「底革」という。タンニン分をたくさん染み込ませれば染み込ますほど、革は硬くしまるそうだ。

ところで、タンニンタンニンと気安くいうが、いったいタンニンとは何だろう。

そもそもタンニン（tannin）のtanは英語で「鞣す」という意味。だから、タンニンというのは「鞣しの素」みたいなニュアンスだ。この「鞣しの素」は日本語では「渋」、現代的にはポリフェノール化合物という。植物が虫などに食われまいと出す防御物質らしい。蛋白質を腐敗に強い不溶解性のものに変える作用があり、皮革鞣しはこの力を借りている。

かつて英国ではオークの樹皮を煮だして鞣していたという。おそらく身近に使えるものだったからだろう。今はアカシアや栗などからエキスを抽出したものが多いようだ。

●

明治の初めに日本で西洋式のタンニン鞣しが始まり、後に業界内では靴底用以外の薄い革を「ヌメ革」と呼ぶようになった。従来の日本にあった革とは違ったので、特別の名称をつけたのだろう。革へんに光ると書いて「靗」という漢字をつくってあてた。

ヌメがどういう意味なのか定かではないが、糸へんに光としたものもヌメといって書画用のつやのある絹布をさすので、それと何か関係があるのかもしれない。ともあれ「ぬめり」につながる音と「革が光る」という漢字の構成が、この革の質感をよくあらわしている。ヌメ革は使い込むほどにとろりとした艶が出る。

本ヌメ揉み革生成りバッグ。南埜次郎作。ハードな肌触りが特徴のヌメ革も薄くして揉むと柔らかくなる。これからどんな色艶と肌触りに変わっていくのだろうか。

もともと動物の皮は外部から身体の内部を守るためのものだから、それからつくられた革が頑丈な性質をもっているのは当然のようだ。しかし素材を生かすも殺すも、それを手にした人間しだい。渋で丹念に鞣されたヌメ革は、自然の生き物を素材として生きてきた人々の賢い姿を映している。

時間と手間のかかるタンニン鞣しは、当然ながら早く安定供給できるクロム鞣しに追いやられていった。それはクロム鞣し革がとてもやわらかく熱にも強い性質をもっていたからでもある。しかし世の中なんでも「早い安い」ばかりになるのもどうだろうか。とくに革は牛や鹿や動物の皮からできるのだから、それをたやすく消費するのは心苦しい。

ヌメ革には動物と植物と人の関係が凝縮されている。ふだんはヌメの鞄などを見ていちいち何も感じはしないが、ほんの時おりこのモノたちのなりたちがパノラマのように頭をめぐる。ラスコーの壁画の時代から現代までや、一頭の牛が私の手元にとどくまで……。

壮大なドラマだ。

羊毛

石垣が続くなだらかな緑の丘は、
人が羊とともにつくったランドスケープ。
糞が肥料となり、蹄が土を耕し、
白堊質《はくあしつ》の荒野は農地となった。

リンカーン
Lincoln
長毛種の代表。毛の光沢が良く体格が大きいため、他品種との交配が盛んに行われてきた。

サフォーク
Suffolk
日本の羊の80%を占める英国短毛種だが、日本では食用を主目的に飼育。毛は弾力に富む。

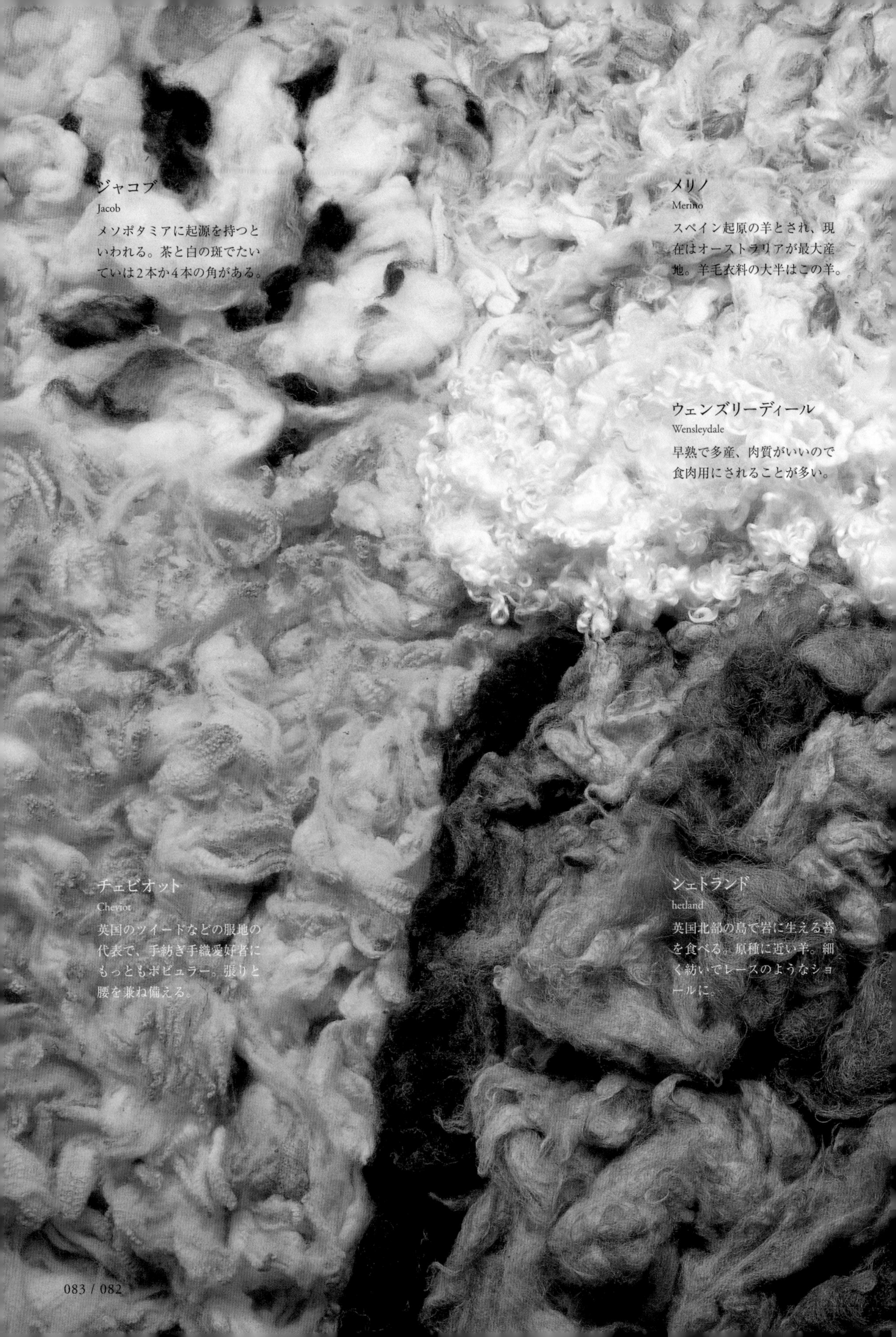

ジャコブ
Jacob
メソポタミアに起源を持つといわれる。茶と白の斑でたいていは2本か4本の角がある。

メリノ
Merino
スペイン起原の羊とされ、現在はオーストラリアが最大産地。羊毛衣料の大半はこの羊。

ウェンズリーディール
Wensleydale
早熟で多産、肉質がいいので食肉用にされることが多い。

チェビオット
Cheviot
英国のツイードなどの服地の代表で、手紡ぎ手織愛好者にもっともポピュラー。張りと腰を兼ね備える。

シェトランド
hetland
英国北部の島で岩に生える苔を食べる。原種に近い羊。細く紡いでレースのようなショールに。

迷えるヒトをケモノが救う

服地。半田ナナ子作。ジャコブの毛は白と焦げ茶の斑なのでそれらを選り分けたり混ぜたりすると色のバリエーションができる。本作品は茶の毛を集めて手紡ぎ手織りした。染めずに布にするのは羊毛に負担をかけない「やさしい仕事」だと作者はいう。ジャコブは比較的柔らかい毛なのでハリやコシを与えるために太めに紡いで撚りを強めにかけた。「しっかりした服地になって」と語りかけながら。織ったあとで縮絨。

ふんわり柔らかく真っ白な毛は私たちを夢見心地にする。この種の風合いに人の官能はくすぐられやすい。

だからこそメリノは繊維用の羊の頂点に立つ。羊毛衣料の大半を占めるメリノウールは極細で縮れが多く、純白に近いので染め色も鮮明。一説には二千年もの歳月をかけて選別改良されてきた羊ともいわれる。足腰が丈夫で乾燥に強く、オーストラリアの半砂漠地帯を乏しい草を求めテクテク歩く。（注1）

メリノがあまりに普及したので、たいていの日本人は羊毛といえば白くてフワフワと思い込んでいる。しかしもともとの羊の毛は茶や黒、斑の有色で、硬くて真直ぐな毛と柔らかくて縮れた毛が混在していた。

今日でもその片鱗は、イギリス各地で育てられてきた羊を見れば一目瞭然だ。モンゴルや中近東、東欧諸国にもそれぞれにたくましく健気な羊がいるが、まずは英国羊、British breeds sheepたちの姿をご覧いただこう。日本の手紡ぎ愛好家がシェトランド、ジャコブ……などと恋人の名のように口にするのはたいていは英国羊なのだから。

●

82→83ページのフリース（洗浄前の原毛）はメリノ以外は全て英国羊毛。ただしこれはほんの一部であり、英国羊には商業用だけでも約40種、稀少種などを含めるとなんと70種以上がある。

ブリテン島とそこからちぎれたように点在する島々からなるイギリスは、緯度のわりには温和な気候だ。しかし小説「嵐が丘」の舞台のように、年中強く冷たい風が吹く荒野も珍しくない。ピーターラビットの湖水地方も眺めるにはうっとりだが暮らすには厳しい。

つまり知恵と忍耐と羊なしには生きられない自然環境がバリエーションをもって、そこかしこにあるのがイギリスなのだ。

雨の嵐が丘で草を食む羊はびっしりと生えた毛でその身を守る。湖水地方の羊は剛毛を多く含んだ長い毛のおかげで雪に数日間埋もれても死なない。またシェトランド島の羊は冬にはわずかな苔と、ときには海藻まで食べる。毛は漁師のセーターとなった。

過酷な地で人々に生きる糧を与えてきた土着羊から、商品として要求される肉や毛を目指して改良された羊まで、これら食料、衣料になる羊がいなかったら、大英帝国の繁栄はなく歴史は違っていたかもしれない。

●

石垣が続くなだらかな緑の丘に羊が群れる。このいかにもイギリスらしいランドスケープは、人と羊の共存の結果だ。羊の糞が肥料となり、蹄が土を耕し、白《はく》堊質《あしつ》の土地は農地となった。

しかし15世紀末からの牧羊のための囲い込み政策は貧民の生活を悲惨にした。迷える小羊を救うはずの修道院長までが躍起になって農民の耕作地をとりあげ、彼らを路頭に迷わせた。トマス・モアが「ユートピア」の中で囲い込みを避難したが、歯止めはかからず一説には産業革命への下地となったとされる。

イギリスで始まった産業革命の技術は当初、毛織物職人の反対にあう。が、結局は動力機械化され、現在はウール製品の大半は原毛の洗いから紡績、織りまで機械化されている。歴史はこんなふうに進む。おかげで羊など見たこともなかった極東の農耕民もウールを身につけるようになった。

けれども手紡ぎ手織りの毛織物、手編みのニットは消えることなく、産業革命発祥の地の羊毛が手紡ぎ愛好家に人気、というのもまた事実である。

浄化する白い布。工藤聖美作。ウールが室内のホルムアルデヒドなどを吸着し無害化するという実験報告を知ったことが、「浄化」をイメージする布の創作につながった。織りの組織はフィルターにも使われるハニカム構造に。本作品は機械紡績した国産サフォークの毛を手織りしている。人が心身ともに快適に暮らすための道具として今後はインテリアファブリックなどに応用していく予定。

●

羊なしでやってこられた日本にも、明治の初めに羊毛を目的として牧羊が伝わった。現在は食肉用に主にサフォークが飼育されるが、羊毛目的でなくても春に毛を刈るのでフリースは毎年出る。（注2）

サフォークの毛はツイードからブランケット、布団綿にまで使える。しかし以前は布団綿にした国産羊毛も、数年前に洗毛工場が閉鎖され大部分は行き場を失った。羊は猫のようにグルーミングの習慣がないので、毛には糞尿やほし草がついている。工場がなければ手で洗うしかない。用途に応じた毛を少量ずつ手洗いするのが毛の質には最良だが、それではコストがかかりすぎる。

羊は丸ごと使ってこその家畜であり、そこに羊の文化がある。だから日本の牧羊関係者は自分たちが育てた羊（注3）の肉も内臓も皮も毛も、その糞も充分に生かしたいと願っているが、難しい。

人類が羊と暮らしはじめて少なくとも三千年を経てとうとう彼らは日本にまでやってきた。いったいなぜ今さら？　と問い羊と人の歴史をかえりみると、これはどうにも避けて通れない出来事に思えてくる。獏とした理由しかいえないが、人と自然の関係は固定されないし、文化は交流し変化するからだ。そこに羊は大昔から大いに関わっている。

羊はしばらくここに留まるのだろうか、それとも通りすぎて行くのだろうか。私見では、たとえ日本で羊を丸ごと使う牧羊文化がメインストリームにならなくても、小規模で牧羊は行われていくと思う。捨てるほかない羊毛に頭を悩ませながら、歴史のひとこまがつくられつつあるのかもしれない。

生糸

縁あって人は蚕から糸を頂戴するようになった。
虫なんて嫌い、という都会のお姉さんも
彼らとどこかでつながっている。肌近く触れあって。

野蚕（やさん）
wild silk

野性の蚕の繭。中には品種改良が進み、ある程度管理して育てられているものもある。桑の葉ではなくクヌギなどの葉を食べる。

タサールサン（左上2つ）インド産、タッサーシルク。大きい方の実寸約55mm。

日本の山繭（ヤママユ／右下）、天蚕（テンサン）ともいう。実寸約45mm。

サクサン（柞蚕／下）、中国産。実寸約50mm。

家蚕（かさん）
mulberry silk

桑の葉を食べる蚕の繭（左下）。実寸約30mm。

玉繭（右）、家蚕が二頭以上でひとつの繭をつくったもの。

黄繭（左上）、家蚕の原種に近い。糸は非常に細くて量も少ない。実寸約22mm。

蚕（三齢）

卵から孵化して13日目くらい。2回脱皮している。あと2回脱皮して五齢になると繭をつくる。人に馴化（じゅんか）し、成虫は飛ぶことができない。実寸約13mm。

使い込むほどに艶を増す絹織物。こんなふうにいわれると変な感じがするかもしれない。

絹はよそゆきでデリケート、その艶と光沢を保つにはドライクリーニングオンリー。使い込んだらくたびれてしまう……というのが常識だろう。しかしそれはあくまでも絹のひとつの面にすぎない。

手紡ぎ手織りの絹織物を紹介する仕事をしていた私は、しばしばお客さんに「水洗いできるの？」と聞かれた。そしていつも「洗えます、これこれこうしてこうだから～」と答えてきた。毎度毎度のことなので自動的にすらすら説明していたが、実はこのやりとりに絹の魅力がたっぷり詰まっている。

それはあまりに奥深く、私には未知のところも多いが、蚕のシェルターであった生糸、自然の産物としての絹について少し言葉を紡いでみたい。

糸や布を洗えばその風合いは変わる。水の温度や石鹸や灰汁などのアルカリ液や酵素の濃度によって、同じ絹でも違う表情になる。染織の工程でいう「精練」は糸や布を洗う作業とほぼ同じだ。ただしゴシゴシ汚れを落とすのではなく、仕上がりを微妙に狙って「練る」のだ。主にセリシン（注1）という成分を落とす。

蚕が吐く糸は、顕微鏡写真で見ると、断面が三角形の絹繊維（フィブロイン）2本が膠状のセリシンで覆われて一本になっている。一粒の繭は基本的にはその2本が一本になった糸からなる。繭が硬いのはセリシンで糸が接着され固められているからだ。

繭をお湯につけるとセリシンが溶けて糸がほぐれる。そのほぐれた糸と糸を何本か合わせて〝人間用の糸〟にする。再びセリシンが糊としてはたらき数本の糸がくっつく。

絹の糸

家蚕の生糸（左）、タッサーシルクギッチャー（右上、出殻繭＝蛾が脱皮したあとの繭からの糸）、タッサーシルクナーシ（下、繭の柄部分より紡ぐ）。

桑の葉が虫を通って、糸

アメツチ。真木千秋作。「糸に触れることによって、私は自然とのつながりをとりもどす」と作者は記したことがある。このフレーズは人間の感受性の鍵のようなものが込められている。彼女を通って織り出される布の魅力は、それによって私たちが「自然とのつながり」を感じられるところにあるのかもしれない。本作品は広い意味での生糸を含む絹糸だけで織った布。

TANBA。真木千秋作。タッサーシルク、ムガシルク、黄繭に、日本の家蚕など、光沢も太さも違う生糸で描く格子。それぞれの糸のゆらぎが経緯（たてよこ）に交わって生まれる風合い。染めは藍の生葉で水色、焦げ茶はざくろなどで。

こうしてできた糸が生糸である。セリシンはお湯に溶け出して多少減っているが前述の2本の絹繊維は束ねられたまま。蚕が吐いたものに近い「生の糸」である。英語ではRaw Silkだ。

この生糸から多様な絹織物が始まる。たとえば、生糸のまま織ってその後に練ればセリシンがとれた分だけ糸がやせるのでゆるみのある布になるし、すでに練った糸で緻密な布にも仕上げられる。練らなければ張りのあるオーガンジーになる。

すべてはセリシンという糊のおかげだ。こんな不思議な機能の糊がついた糸は天然繊維でも合成繊維でも今のところほかにはない。

さて冒頭の「使い込むほどに艶を増す絹織物」とはセリシンを残した布である。使っていくうちにセリシンが次第に落ちて、いいかえれば日常で精練されるので、やわらかく輝いていく。使い手が風合いの変化に参加して楽しめるのだ。

ところがたいていのシルク製品はすでに精練されて、ツヤツヤ、シナシナに仕上げられている。いわば頂点に達しているので、それを保つには深窓の令嬢のように扱わなくてはいけない。セリシンをとれば糸はやわらかくなり光沢が増すが、絹繊維を保護していたものをとるのだから弱くなる。

またセリシンを生かした、練っていない絹の代表はオーガンジーやシフォンだが、これらは張りがなくなるとそれらしくなくなる。ではどういうシルクが使い込めるかというと（つまるところは使う人しだいではあるけれど）、たとえば野蚕（注2）の布である。

野蚕の布は糸の形状（家蚕とは違う）やセリシンの残り具合から、たいていはシャリシャリした感触をしている。だから精練された家蚕の布に慣れた人は「えっこれがシルク？」と驚く。しかしこの布によってシルクがぐっと身近になる人も多い。

テキスタイルデザイナーの真木千秋さんに精練していないタッサーシルク（インドの野蚕）の布を見せてもらうまでは、私もステレオタイプの絹しか知らなかった。絹といえば自分とは別世界の布で（大きい声ではいえないが）ヤラシイ感じがしていた。当時は精練も蚕の種類もまったく知らなかった。けれどもはじめて触れたタッサーシルクの、つかずはなれずさらっとした風合い、内面から光を放つような輝きが好きになってしまった。

惹かれた理由は、家蚕にない野蚕の力強さがあり、その天然の魅力を最大限にひきだすように「蚕が吐いたままに近い」糸として織られた布だったからだろう。セリシンがついたままで、手紡ぎのスピードや染めの方法などもゆっくりやさしくしている。蚕が頭を8の字に回しながら吐いた糸。そのゆらぎは人の心もふるわせる。

縁あって人は蚕から糸を頂戴するようになった。虫なんて嫌い、という都会のお姉さんも彼らとどこかでつながっている。肌近く触れあって。

もちろん蚕だけでなく、この世のものはけっきょくはめぐりめぐってつながっているのだろう。人との共生を選んだ生き物は、植物でも動物でも、そのことを強く感じさせてくれる。なまなましく淡々と、ときには意味深長に。

着るものの素材のひとつが虫に由来することを思い出すのも悪くない。

動物の章／初出

インテリア・マガジンCONFORT［コンフォルト］
ヌメ革／2002年12月号（No.59）
羊毛／2004年4月号（No.75）
生糸／2004年7月号（No.78）

鉱物の章

（長い長い時を旅したイシがいう）
つまるところ、みんな星のかけら
ヒトもクサもトリも、サカナも
星からできて、また星になる。
石からできて、また石になる。
そのあいだのつかのまに
血肉をもったわたしたちは
つかのまの石をつみあげ、ころがる

水晶彫刻

ひとかけらの透き通った石から私たちが
それぞれに思い描くこと……。
一見何の役にも立たないものでも、深いところで
必要とされるときがある。

水晶（洗浄後）

乙女鉱山産の水晶を酸洗いしたもの。

水晶原石

Rock crystal

山梨県乙女鉱山産。花崗岩の割れた隙間に結晶したことがよくわかる。茶色いのは水酸化鉄が表面に付着したため。

写真すべて、石英　Quartz SiO_2

いちばん普通でいちばん美しい。

こんな誉れ高き言葉をいただく石がある。それは清らかに透き通った水晶だ。

ダイヤモンドやエメラルドなどいわゆる美しい宝石はほかにもあるが、「普通」ということにかけては水晶の右に出るものはない。

水晶は宝石類の中では産出量が抜群に豊富で手に入れやすい。だから貴石といわれ、宝石と区別する場合もあるくらいだ。けれども目の眩むような派手さはなくても、山から掘り出した結晶のそのままで十分に美しく、決して見飽きることのない石である。


地球の地殻を構成する元素でもっとも多いのが酸素（約46％）、その次がケイ素（同28％）とされる（クラーク数）。そしてこれら二つの元素からできた鉱物が石英で、その中でも透明に六角形に結晶したものを特に水晶とよぶ。

白濁した不定形な石英の塊（＝珪石の写真参照）であっても灰色ばかりの砂利の中でみつけるとうれしくてついポケットに入れたりするが、これが水晶と全く同じ成分でできているのだと聞くと、はて、この不透明な白い石ころと透明な水晶になるのとは、いったいどこが運命の分かれ道なのか、と不思議に思う。

鉱物学にまるで疎い人間でも、母岩がついた水晶や

針入水晶
Rutilated quartz

結晶の成長途中に別の鉱物をとりこみ、そのまま成長を続けた水晶。これはルチル（金紅石）の針状結晶が内包されている。

紅水晶
Rose quartz

バラ石英ともいわれる。ピンクの色はチタンイオンの含有によるとされる。完全結晶化することは稀。

紫水晶
Amethyst

紫色の石は他には少なく、アメジストの名で宝石として知られる。ごく微量に含まれる鉄イオンに放射線があたって紫に発色しているといわれる。

珪石（珪岩）
Quartzite

いわゆる普通の石英を珪石という。水晶と同じ成分だが結晶の仕方が違う。純度の高いものは白珪石と呼ばれ、ガラスや化学工業の原料となる。

透明な結晶に願いをうつす

MAMA　こんぺいとう（ハンドクーラー）。今井裕之作。手前の黄色の作品のタイトルは「MAMA」。それ以外は「こんぺいとう」。すべて天然水晶でつくられており、手のひらにのる大きさ。握るとひんやりとして次第に手の暖かさが水晶に伝わっていく。ころころと両手で包んで転がせば、表面の突起が適度な刺激となる。見て触って、そして持ち歩ける作品。ガラスとは違う質感を私たちは感じることができるだろうか。

宙（そら）こんぺいとう。今井裕之作。水晶、金、銀、銅、オニキスが材料。長年にわたって野山を歩き鉱物に触れてきた作者は、「祈り」をテーマに石と金属で制作する。

水晶を採った晶洞《がま》、そして岩肌に走る鉱脈をつくづく眺めれば、遠い昔におこった物語がそれなりに聞こえてくるようだ。さて、その物語とは……。

山梨県の旧乙女鉱山は明治時代に日本でもっとも賑わった水晶の産地であり、水晶の採掘をやめてからも珪石（＝石英）は最近までとっていた。だから今でも白い石や岩がごろごろあるし、水晶をとったあとの大きな晶洞の壁は石英からできている。そしてこの石英のまわりを花崗岩が取り囲んでいる。

おそらくこの辺りでは、胡麻粒の肌をした巨大な花崗岩が何らかの衝撃で割れ、その隙間に石英のもとが流れ込んで鉱脈ができたのだろう。このときの環境によってあるものは白い塊に、あるものは透明な六角形になった。つんつんとした結晶が育つのに邪魔をされない空間があって、その中の圧力や温度などの条件が揃うと水晶ができる。

甲府の水晶は約1000万年前にできたそうだ。成長の期間については、数年から200万年までの幅で諸説がある。一方、電子部品に使われる合成水晶は1ヶ月から3ヶ月でつくられる。合成といっても天然水晶の破片を溶かして結晶化させるのだから、リサイクル促成栽培といったところだろうか。

●

鉱物としては比較的新しい時代にできた水晶は、それだけ長い時間にわたる地殻の変動作用をうけてようやく生まれた結晶である。

これをいったら元も子もないが、自然が手塩にかけて生み出した水晶に、さらに人が手を加えることに何の意味があるのだろうか？

尖った頭があって破損のない水晶は洗っただけで取り引きされ、そうでないものは数珠や印鑑や装飾品に加工される。

水晶彫刻はそれら加工品の一分野であり、今でも龍や七福神がつくられている。しかし熟練の技で彫られ磨かれたぴかぴかの大黒様などを見ると、たとえ欠けたり割れたりしていても、加工しないほうがずっとましかもしれないと思ってしまう。そのままで人の心をとらえる素材を作品にするのは難しい。

多分、水晶は芸術品たりうる要素をすでに天然で持っている。だから下手に人が手を加えるとかえってそれを台無しにしてしまうのだろう。

透明感や輝きをもち、安定した形に結晶している水晶の姿は、人間が理想とする心持ちにも通じる。実際には理想は具体的に見えないし、理想という表現が適当かどうかもわからないが、人は無意識に希求している何かに近いものに会ったとき、それに強く惹かれる。

古今東西、水晶に神秘的な力があると信じられてきたのは、こうした人間の願いを重ねられる石だからかもしれない。もちろんいくら完璧な球に磨いても未来は透視できないし、水晶の大黒様の方が木彫の大黒様より御利益があるわけでもない。

しかし一見何の役にも立ちそうになくても、深いところで必要とされるものがある。ひとかけらの透き通った水晶から私たちがそれぞれに思い描くこと……それがなくては生きていけない人もいる。

白磁が希少だったその昔
いまの私たちの想像をはるかにこえて、人は白にあこがれた。
そのあこがれの途上に現れた器が
白磁の代用品にとどまらず独自の道を歩む。

天草陶石(粉砕)

あまくさとうせき。日本でもっとも安定供給できる良質の陶石（熊本県産出）。元禄年間から掘られていて埋蔵量は非常に多い。カオリンでなくこれを白化粧の配合の中心とすることもある。

蛙目粘土

がいろめねんど。粘りがあるので、化粧と素地の接着をよくするために配合される。また、蛙目粘土を多くすると鼠色や黄味がかった化粧となる。

朝鮮カオリン
Korea Kaolin

ハロイサイト（Al_2O_3・$2SiO_2$・$4H_2O$）を主成分としたカオリン鉱物。韓国慶州南道の河東地区に産出し、河東カオリンともいう。白色磁器用の土となる。日本では白化粧には朝鮮カオリンを主な原料とすることが多い。なお、カオリンはホワイトクレーとして泥洗顔料にも使われる。

粉引

白い器は食事の盛り付けも映えて、飽きがこなくて無難。現代ならさしずめ、そんな理由で白い食器を揃えるのだろう。しかし白磁が希少だったその昔は、今の私たちの感覚を遥かにこえる白い器へのあこがれがあった。

そのあこがれの成就する途中に現れた器が、白磁の代用品にとどまらず独自の道を歩んだ。それが粉引《こひき》である。

粉引とは、茶やグレーなどの色のついた粘土でつくった本体に、白い土を塗り、透明な釉薬をかけ、ぽってりと白く仕上げた焼き物をいう。

鉄やチタン分が少なく白い粘土、陶磁器作成に適うような可塑性があって焼きしまる土、はどこにでもふんだんにあるわけではない。とくに昔は白土をたっぷりと使えるのは、限られた地域の限られた人々であった。だから、白泥を表面にだけ塗った白化粧の技法が生まれたのだ。

白化粧には、その上に絵を描いたり模様を彫ったり、また刷毛で薄く白泥を塗る（白土の節約から始まったらしい）など、いくつもの手法がある。現在ではそれら白化粧をほどこした器を粉引と総称するが、もともとは白化粧を素地に総掛けした、模様のないものだけを粉引とよんだ。江戸時代に日本の茶人が命名したといわれている。朝鮮半島の李朝期に白磁に似せてつく

カオリナイト
Kaolinite　Al_2O_3・$2SiO_2$・$2OH_2O$

日本で数少ないカオリン鉱物を産出する昭和関白鉱山（栃木県上河内町）にて採取。関白カオリン。花崗岩の風化によってできた白くて粘り気のある粘土鉱物。景徳鎮でつくられた白磁器の粘土が高嶺（カオリン:Kaoling）で産出したことから同質の粘土をカオリンとよぶようになった。

はじめ、おわり。白い土

粉引壷。鈴木寿一作。粉引の大壷（高さ35cm・胴回り35cm）は珍しい。片手で持てる大きさを超えた壷は、柄杓では化粧掛けできないのでコンプレッサーを使う。限界のある中で既成にとらわれず制作する作家の意欲作。左の細い壷は柄杓掛け。「化粧土の配合や掛け方によって作業の経過、つくり手の手際が見える粉引をもっと深めたい」と語る。堅く、それこそ白磁に見まごう肌合いから、軟らかで多少不均一な表情まで、粉引の魅力は多様だ。

日常使いの食器としての粉引。作家によってさまざまな白の表情があり、それが時を経てさらに変化する。

られた粉青《ふんせい》沙器《さき》素文《そもん》が直接のルーツとされる。

李朝期に一般庶民の食器として焼かれ、高麗茶碗として茶人に見立てられたものには、粉引とともにかの有名な井戸茶碗もある。しかしそれらはどれも見方によっては、「小汚い」といわれても仕方ないような様相をしている。

特に粉引は、清浄な白にあこがれたにしては、まだらに染みがいって、塗り損ないまである始末……。本家本元の朝鮮半島では白磁が庶民にも行き渡るようになると、粉青沙器素文は姿をひそめる。それも当然のなりゆきだろう。あくまでも白磁の代用だったのだから。

けれども、日本の茶人は作意のない形と肌合いに「侘び寂び」を感じた。対馬藩は半島南部の釜山に直営の窯を設けて粉引などを現地で制作した。日本国内でも各藩のお庭窯で「高麗茶碗うつし」が焼かれた(注)。

粗雑さを賞賛したのではないが、茶人たちは「まだらな染みや塗り損ない」もある日常雑器に、白磁を尊ぶ大陸の人々の目には映らない「景色」を見い出したのだ。

そんな茶の湯の影響を知らず知らずに受けているのだろうか。茶道について門外漢の私でも、陶磁器店に並ぶ器の中から粉引を手に取るのは、その独特の肌合いに引かれるからだ。決して白磁の代用品としてではない。粉引が白磁のフェイクから始まったなんて思いもよらない。

使い込んだ粉引は「雨漏り」といわれる染みが出る。素地の土の成分などが白土部分に染み出たり、茶渋や食べ物の汁などが釉薬の割れ目から入ってできるようだ。

つくり手から離れた作品が、使い手と時間によってさらなる変化をとげていく。どんな焼き物でもそうだが、粉引にはこれが顕著にあらわれる。

しかしこうした変化を嫌がる使い手も多い。今では粉引は茶陶としてでなく、日常の食器としてつくられているから、「景色」どころではないともいえる。カレーライスを盛って電子レンジでチンしてもヘッチャラな方がいい。だから粉引にシリコンをコーティングしてできるだけ使い込む前の色を保たせようとする陶芸家もいる。

買うときに見た印象をそのままずっと保ちたいという使い手の気持ちも、それに応えたい作家の心遣いもわかる。日常雑器からはじまった粉引が茶陶を経て姿を変えつつ日常雑器に戻る、のかもしれない。

けれども、やはり粉引の本命は、さまざまに白く、柔らかくはかなげな風情だろう。素地の土、白土の配合、焼き方によって変幻するほの白い肌が、時を経てまたうつろう。

白は最初の色であり、最後の色。変わり続ける粉引の肌に幻のような白を垣間見るとき、小さな自分の境目がなくなるような瞬間がふっ、と来る。

セトモノ

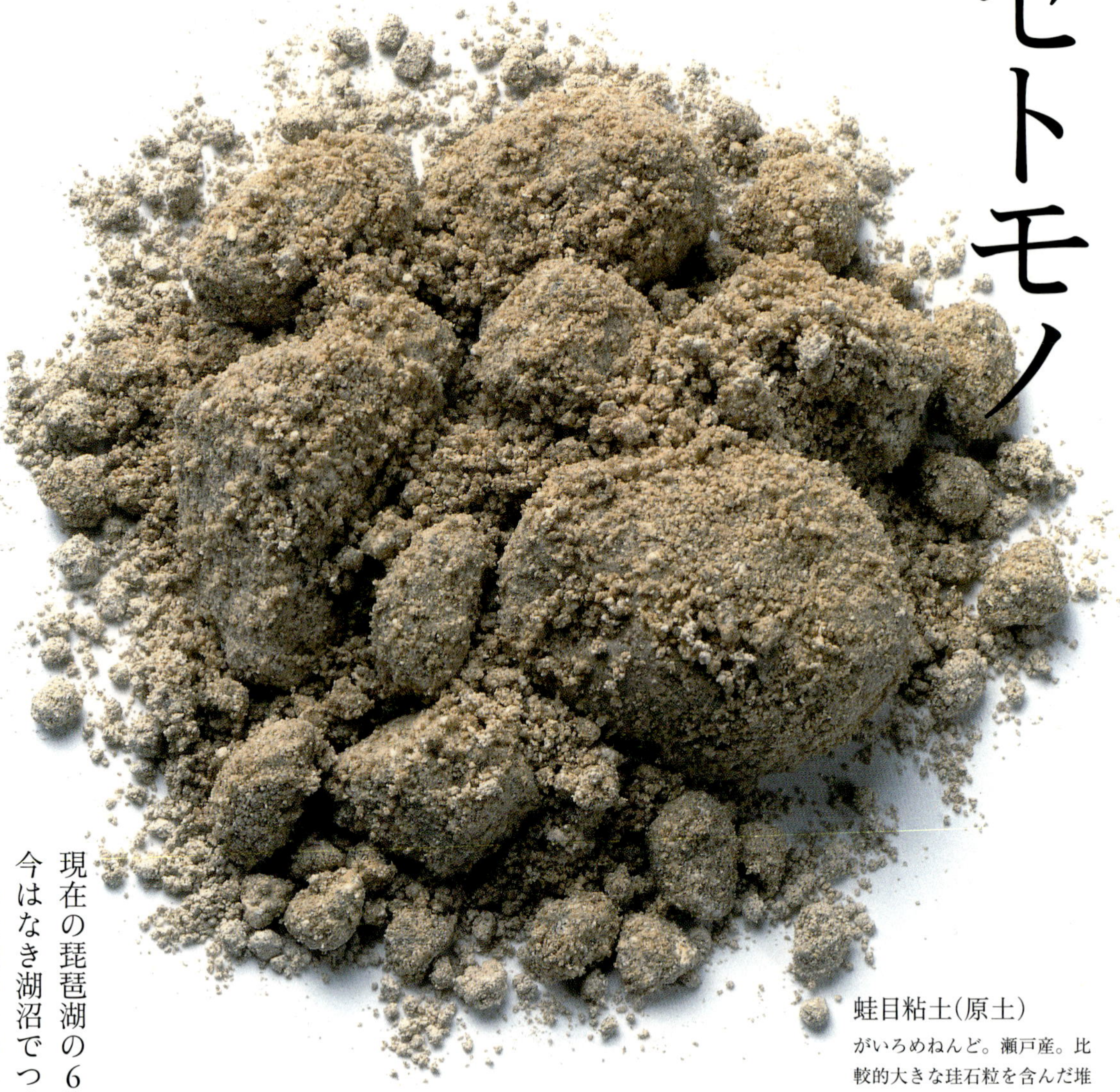

蛙目粘土(原土)

がいろめねんど。瀬戸産。比較的大きな珪石粒を含んだ堆積粘土。雨が降って粘土が流れた後に、珪石粒が蛙の目のように光ることから蛙目と呼ばれる。可塑性があり陶器用粘土の中心原料。磁器の粘性原料でもある。ねばりのない砂婆にねばりを与えるために加える。瀬戸の蛙目はよその産地のものよりも白く焼ける。

現在の琵琶湖の6倍の面積があったという、
今はなき湖沼でつくられた土。
その土塊の一部に、日本に住む人ならたいていは触れている。

陶磁器を「セトモノ」とよぶ習慣はもうほとんどないと思っていたが、インターネットで検索すると「セトモノは埋め立てゴミになる」とか「セトモノの歯」というのがあった。前者は陶磁器一般、後者はセラミックを意味する。いまだにセトモノという言葉は通用するらしい。

西欧で漆がジャパン、磁器がチャイナといわれたように、日本では陶磁器をセトモノとよんできた。瀬戸が陶磁器の一大産地だったからである。

●

常滑から瀬戸、美濃にかけての中部東海地方は、日本でもっとも多くの窯業用の土が掘られ、陶磁器がつくられてきた地域だ。とくに瀬戸の名は、日用食器をたくさんつくったため全国に知れわたった。

このごろでは瀬戸でつくられるセトモノは少なくなった。しかし原料である瀬戸の土は日本各地はもとより外国にも輸出されて、それで陶磁器がつくられている。ねばりがあって扱いやすく、火に強く、白く焼ける、抜群に優等生の土のようだ。

このような土はどこにでもあるわけではない。ではなぜ瀬戸には良質な粘土が大量にあったのか。そもそも粘土はどうやってできたのか。

それをおおまかにつかもうとすると、雄大すぎるスケールと極々微細な事柄が夢のように湧いてきてクラクラする。気を失わないために、例えば石ころを手にしたり、家中の茶碗などを並べたりしながら、ちょっと土のことを考えてみよう。

土は岩石が削られ風化して砂粒より細かくなったものだ。その土がそれなりの環境のもとで長い時間ねかされると、やきものに使える粘土になる。ねかされるのは水の中がいいようだ。

瀬戸を含む一帯は大昔（300万年から200万年前）大きな湖であったとか、たくさんの湖が集まっていた場所であった、といわれる。その湖に花崗岩の山が風化して流れこみ、積もった土は湖の水で濾されながら粒子のそろった層をなす。いつのまにか湖は干上がり、粘土が溜め込まれた場所が人目に触れる……。

せっかく粘土があっても湖の底では掘り起こせないし、地殻変動で圧力がかかると土は岩になる。干上がった場所が崩れれば粘土は流れてしまう。

砂婆

さば。愛知～岐阜県にかけて産出する風化花崗岩。長石や珪石を多く含む。ねばり気はない。瀬戸ではこれを出発原料にして磁器生産を行った。

伊西陶石

岐阜県神岡の陶石。最初、瀬戸で磁器土をつくるには三河の砂婆と地元の粘土を混ぜていたが、白色度を増すために陶石を用いるようになった。

カワキ

蛙目粘土の原土に混ざっていた亜炭や木屑。粘土がねずみ色をしているのはこれら炭化した木による。

器。上泉秀人作。瀬戸の磁器土に作者の地元（東京・青梅）の土を少し加えて焼いた。お碗、コップ、猪口などどれも日常に使いよい。危うさのない心地よさ、美しさ。かつてセトモノ屋にあった量産のセトモノとは明らかに違うが、普通の人が普段に使えるという点と瀬戸の土を使っている点ではまさにセトモノ。

素直な土のもつ時間

箸置きとボタン。上泉秀人作。素焼きのときに割れや欠けのあったものをノコギリで切って小さな形にする。これらの小片に染め付けをするのは冬の仕事。そんな手間をかけるなら新しい土からつくった方が安あがりではあるが、そうしないところに作者の感性がある。

一億年前に花崗岩ができてから、地震雷火事親父以上のドラマをくぐりぬけ、瀬戸のいい具合の土はつくられた。偶然というにはあまりにも用意周到な自然の作用である。

●

現在の琵琶湖の6倍の面積があったという、今はなき湖沼でつくられた土。その土塊《つちくれ》の一部に、日本に住む人ならたいていは触れている。瀬戸の土は食器からタイル、衛生陶器、碍子《がいし》（絶縁器具）までどこかしかに入っているからだ。

先に瀬戸の土が優等生だと書いた。言葉をかえると、強烈な個性がなく誰にでも受け入れられる土なのだ（だから瀬戸の土はおもしろくないという陶芸家もいる）。こんな性質の原料がたくさん採れればそれは量産に向く。

近代に量産されてきた食器は主に磁器（注）である。瀬戸では長らく陶器が焼かれ、それがセトモノとして流通していたが、江戸時代の末期から磁器生産にシフトする。

それに成功したのは、磁器生産で先行した九州の有田のような原料（陶石＝磁器になる石）はなかったものの、砂婆《さば》という長石質の小石が近くでとれ、かつそれに地元の粘土をまぜると有田よりも早く大量に磁器がつくれたからだ（陶石だけの磁器生産よりも、砂婆に瀬戸の粘土を混ぜるほうが成型しやすい）。

瀬戸の陶土の採掘現場に行くと、どれほど多くの土が掘られてきたかがわかる。仮面ライダーの撮影ロケ地にもなった白っぽい砂漠のような窪みは広大だ。掘り尽くされた鉱山もある。掘った全てが陶土ではないにしろ、小高い山を削って巨大な穴ができるほどのセトモノづくりを人間はしたのだ。

●

バブルの頃には十年以内で枯渇するとささやかれた瀬戸の土は、最近は採掘量が減ったのでまだ数十年はもつらしい。素直で埋蔵量が多い故にどんどん掘られ、大半は安い品物になり、きっと私なんかはそんなセトモノ、ヤキモノをぞんざいに扱い、好みにあわないといって捨てていた。

器さえろくに揃えられない貧しさがあり、量産品のセトモノが出回って私たちの日常は明るく気持ちよくなったのだろう。瀬戸の土だからこそできたのだ。しかし二足三文のものをつくり続けて浪費する時代はもう終わりにしてもいいのではないか。

セトモノにつながる系譜を量産以前の過去に遡れば、たとえば端正な形に釉が施された古瀬戸があり、白い素地に絵が映える染付けがある。これらも瀬戸の土だからこそできたのだろう。

言葉少なで従順な素材も無尽蔵ではない。まれなほど素直なこの土を生かして、あとどれだけのどんなセトモノがつくられるのだろうか。

銀器

幸せな人生を約束するシルバースプーンは、
健康も約束してくれる。
銀の匙さえ持っていればお腹をこわす心配がないらしい。
いったいどういうことだろう。

輝銀鉱(断面)

Argentite　Ag_2S

銀の硫化鉱物。灰～黒色がかった帯状のところに銀が含まれている。この部分を銀黒という。

中勘助の「銀の匙」は、タイトルとなった一本のスプーンに導かれた自伝的な散文である。天涯孤独で信心深く、けれどもひょうきんな伯母がどこからかみつけてきた小さな匙……。それを勘助は、子安貝やら椿の実やら、子どもの頃のお気に入りのものたちと一緒にコルクの小箱にしまっていた。物語はこの古ぼけた宝物の曇りをぬぐうところから始まる。

勘助の育ての親ともいえる伯母さんは銀の匙のいわれを知っていたのだろうか。物語はそれについて触れないが、西洋では幸運な星の下に生まれたことを、銀の匙をくわえて生まれてくる（born with a silver spoon in his mouth）という。

これは、シルバーウエアを使えるような金持ちの家に生まれてきたなら一生苦労せずに暮らせる、だから幸せなんだ、というあまりに即物的な言い回しである。けれども赤ちゃんのかわいらしい口元と小さなスプーン、やわらかな銀の質感と色、それらがこの実も蓋もない言葉に素敵な魔法をかける。

そうして、富や財産だけでなしにひとりの人としてまこと幸せになるように、との願いが銀の匙に込めら

笹吹

ささぶき。精錬した銀を溶解して雫状に水にたらして固めたもの。純銀。小さな粒状（約3〜5mm大）なので分量を正確に計りやすいため合金をつくるときなどに使う。笹吹の名はかつて水中に笹葉を入れ銀を流し込んでつくったことから。

輝銀鉱

Argentite　Ag_2S

自然銀

Native silver　Ag

ひげ銀とよばれる。鉱脈中の隙間に結晶した純銀。黒っぽくなっているのは表面が硫化しているから。実寸は15mm。

白金《しろかね》に浮かぶ幸の影

銀の器（銀・銅）。山田瑞子作。後方の大きな器は銅の本体に銀メッキ。「メッキは安物といわれるけど、私は銀でメッキした白っぽくやわらかな色が気に入っている」と作者。水差や花器として使える。ワインを入れた手前の小振りなスウィングカップは銀製。底が丸いので指でつつくと揺れる。手のひらにおさまる大きさ。内側に色がついて見えるのは、赤と白のワインの色が映り込んでいるから。先がすぼまった形なのでとくによく映る。すべて鍛金の技法で金属をたたいてつくられたフォルム。

銀の匙2種（銀製）。山田瑞子作。奥の2点は皿の部分を糸ノコで透かし彫りしている。ティースプーンとして。手前のものの皿は花びらの形。

れる。誕生祝いにシルバースプーンを贈るのはそんな願いの現れだ。

勘助にとっては伯母さんと過ごした日々が、銀の匙に象徴される贈り物だったのだろう。

●

幸せな人生を約束する銀の匙は健康も約束してくれる。とは、いささか飛躍しすぎだが、銀の匙さえ持っていればお腹をこわす心配がないらしい。いったいどういうことだろう。

それは銀に殺菌作用があるからだ。このことは昔から知られていて、たとえば古代エジプトでは傷口を化膿させないように銀板を当てて治したという。また、宣教師たちは銀の器に「聖水」を保管した。長期間腐敗しない「奇蹟の水」というわけだ。

銀で傷を治した人はなかなかいないだろうが、「奇蹟の水」なら日常で経験しているかもしれない。銀製や銀メッキの花瓶に生けた花が夏場でも長持ちし、いつまでも水がぬるぬるしないのがそれである。

銀がごくごく微量にとけた水溶液（＝銀水）には殺菌力がある。現在ではこの銀イオンの性質を利用した抗菌製品がつくられている（浄水器・プールの水質管理・腋臭防臭剤など）。

シルバーウエアは実は抗菌製品だった、とはなんとも素っ気ない告白だが、贅沢品とだけ思っていた銀器を暮しの中に取り入れる言い訳（?）にはなるかもしれない。装身具としてだけでなく、日用道具の素材として銀に触れてみるのもおもしろい。

●

銀は金属中でいちばんよく熱と電気を通す（注）。この特性は食器としては長所にも短所にもなる。

シルバースプーンでアイスクリームを食べたり、銀の盃で冷酒を飲むと、冷たさが瞬時に指先や唇に伝わり爽快だ。ステンレスのスプーンや陶器よりも冷たさが増すように感じる。銀のタンブラーにブランデーを注いで手のひらで包めば、人肌に温まって香りがたつ。

しかし、熱い紅茶に砂糖を入れて銀の匙でまぜるとき、うっかりすると「あちち」とあわてて匙から手を離すはめになる。クルクルッとかきまぜるだけならいいが、しばらく紅茶に入れたままにすると、銀の匙はステンレス製よりはるかに熱くなる。

だから銀製ポットの把手は黒壇などの違う素材になっていたり、籐を巻いたりして熱さを防ぐ。そうでないものはミトンか何かを使わないととても持てない。

このように銀は熱伝導率最大というかなり極端な性格の持ち主である。そしてこれに通じるようなもうひとつの特徴を持つ。反射率が非常に優れているのだ。反射がよければ、対象物がそのままの色でクリアに映る。だからガラスの裏に銀を薄く貼ると鏡になる。

機会があったら銀のカップに赤ワインなど、色のついた冷たい飲み物を注いでみてほしい。器の形や表面の磨き方によって映り具合は違うが、透き通った飲み物の色が光と一緒に器の内側に無限にまわりこむ。器であるはずの銀は透明になって消え、実物の飲み物とその上に映る鏡像がつながる。どれが本物か映ったものか見分けがつかない。

飲む前から酔ってしまう。

鉄錆

寂びる、荒びる、さびる。
鉄の錆化は、陰陽相引く天然自然の法則。
路傍に滲む赤錆の姿に深く息をつく。

磁鉄鉱
Magnetite　Fe_3O_4
長崎県西彼杵郡西彼町鳥加郷産。鉄の原料となる。鉄と酸素からなり、純粋な状態では鉄分は72.4%。正三角形でかこまれた八面体または五角形の面12個でかこまれた結晶になる。多様な岩石の副成分として含まれ、砂鉄としても産出する。黒錆の組成には磁鉄鉱に近いものがある。

砂鉄
千葉県富津市十宮海岸産。おもに磁鉄鉱が砂状になったもの。日本刀をつくるための玉鋼（たまはがね）は、砂鉄を原料に「たたら」といわれる製鉄法でつくられる。

針鉄鉱（褐鉄鉱）
Goethite　FeOOH
山梨県乙女鉱山産。写真の褐色の部分は水晶の表面に細かな結晶としてついた針鉄鉱。鉄鉱物の風化作用や温泉作用、また鉄バクテリアの働きによって生成される。本標本はおそらく黄鉄鉱や磁硫鉄鉱の分解による。赤錆の組成に近い。

隕鉄

Meteorite

右／ナミビア産。
左（結晶が見える方）／チリ産。
太陽系内の小惑星のかけらとされる。主に鉄とニッケルの合金。人類の鉄器利用は、隕鉄を加工することからはじまったという説もある。

赤い字で『銹《さび》・鐵《てつ》のさび』と刷られた本は、昭和十八年高山書院刊、四円五銭。灰色のシミだらけに見えた表紙が、実は銹の様子を写した意匠だとわかるまでには間がいった。

著者の山本洋一は戦争遂行のため家庭から鉄が回収される中、鉄製品を長もちさせるための銹防止の重要性を説く。しかし「あまりにも鐵の銹化を恐れることは愚の到り」で、銹による消耗の少ないものなら「銹びるにまかせておけばよい」とも書いている。

この金属腐蝕及び防蝕研究家の銹への並々ならぬ愛着は、セピアに焼けたページを数枚めくるだけでよくわかる。一般人に向けて書かれた随筆ではあるが、専門用語はあるし時代がかったいいまわしが多い。それでも化学の素養もなく旧仮名遣いに不慣れな者でも読みすすめられたのは、著者の銹への熱情に導かれたからだろう。

●

本稿で「錆」ではなく「銹」の字を使うのは、この名著の影響による。もっとも銹の字にはもともとは「さび」の意味はない。中国では元来さびは「鏽」であったが、字画が多いためか同音の銹や鏥があてられた。

けれども著者は「銹と云ふ字は見た目からは非常にいゝ文字で～（中略）～金の秀でたるものがさびである」と書き、「金属表面の美的外観の向上」とか「金属自体からすればさびになったほうが安定する」などと「こぢつけて」いる。

要するにさびの概念として銹の字がふさわしいというのだが、元祖鏽の字も捨て難い。これは刺繍の繡を連想してさびの姿そのものを思わせる。レースのような外観、鉄や銅を飾る衣のようなさびのありかたには、

赤鉄鉱

Hematite　Fe_2O_3

岩手県北上市和賀仙人鉱山産。鉄の原料となる。純粋な状態で鉄は70％。土状粉状では赤色を呈し、紅柄となる。日本が主に輸入しているオーストラリアの赤鉄鉱は縞状鉄鉱層のもの。これは25億年前に登場したラン藻類がつくった酸素が、海水中に溶けていた鉄イオンと結びついて酸化鉄として海底に沈澱したものと推測される。黒銹の組成は赤鉄鉱にも近いものがある。

流転の一会、金水気

鉄鍋。海野毅作。叩いてつくられた形とその過程でできた黒皮の表情があいまって、なんとも鉄らしい。中味と表面がしっくりきたというのだろうか。鋳物やプレスにはない鉄の顔。持ち手のない鍋は常識的には使いにくいのかもしれないが、調理しながら鉄と遊べておもしろい。そのまま食卓に出せる。九寸、尺、深鍋など。

このちょっとエレガントな鏽をあてたい。でも自分でも書けない字を使うのは気がひけるので銹にしておく。こちらはりりしい。

　ちなみに「錆」には金属を精製するという意味があり、日本においてのみ金属の腐蝕を指すようだ。それで著者はさびを錆と書くことに反対なのだが、古語ではさびは鉄そのものでもあるから奥は深く、反対してばかりもいられない。言葉には変成がつきもので、それはそのまま鉄がさびゆく流転のイメージにもつながるから、そろそろ銹そのものの話に進もう。

　他の言語は知らないが、少なくとも日本語では鉄銹を「赤銹」と「黒銹」とにいいわける。しかしこれは単純に色の分類ではない。水を介するかそうでないかの違いだ。赤銹には黄も黒褐色もあり、黒銹には黄や青がある。

鉄のテーブルと木の台。海野毅作。作者いわく「すでに育っていた鉄板の銹がよかったからテーブルにした」。ほんとうは「いい具合に育った銹はそのままにしておきたい」くらいだが、浮いた赤銹はとっている。W1220×D615×H475mm。木の台は栗の木を鉄染め。

　まずは黒銹について。純粋な鉄は地球上にはほとんどない。だから製鉄所で鉄鉱石を還元して鉄にする。しかし空気中にさらした鉄の表面にはすぐに酸素がつく。この酸化鉄の層が黒銹のはじまり。常温ではこの層は非常に薄いので鉄の色はそのままだが、熱していくと次第に厚くなり、焼戻し色といわれるイワシのような青色になる。さらに熱すると黒色、いわゆる黒皮となる。

　真新しいフライパンが赤紫や青い虹模様にぎらついて気味悪かったことはないだろうか。これは酸化鉄の層が厚さによって違う色を見せるせいだ。青いのを青銹ともいうらしいが、これらはすべて黒銹の範囲である。

　鉄の表面を緻密に覆った黒銹は、常温では鉄と酸素の反応をそれ以上進まなくさせる。傷付かなければ赤銹もよせつけず防銹になる。しかし高温にすると黒銹は進み、ウロコ状にはがれて鉄は消耗（ヤキベリ）する。鉄を鍛錬する際にとびちるこの酸化鉄の粉（金肌）は刀身の研磨に用いられてきた。

　いっぽう赤銹は水がないとはじまらない。黒銹の原初である透明な層が破れて水がつくと、そこで黄や赤茶色の水酸化鉄、赤銹が生まれる。

　すかすかの赤銹は鉄と外気を隔てる膜にはならず、水と酸素のある限り進行する。ぼこぼこにもりあがった銹の塊はもろいのでちょっとした拍子で形を崩して土に帰る。

　ところが運動場の鉄棒のように赤銹がついてもそれが緻密な場合がある。表面が人の手で頻繁に擦られるかぎり鉄はそれほど消耗しない。この現象は赤銹をふかせた鉄に菜種油を塗って焼いて仕上げる金工の技法に似ている。

　たとえ赤銹ができてもそれが鉄製品を崩すほどに進まなければ、人間にとって問題はない。しかし銹といえば赤銹で、それはむやみに嫌われる。私も赤銹は手や服を汚すし、モノをダメにすると恐れて遠ざけていた。

　けれども先日、越してきた時から庭の隅にあった赤銹だらけの鉄のかけら二つを家の中にいれてみた。薄い包丁刃らしきものの泥をそっと拭い、よくわからない重い塊はごしごし洗った。

　包丁刃の表面をズームアップして見るとミニチュアのグランドキャニオンみたいに凸凹で、かつて鍛錬されたときの名残か、さびた鉄が層状にはがれようとしていた。重い塊は斧だったのだろう。おとぎ話の舟のようになった。どちらにも黄土色やオレンジや茶、黒いところもある。捨てられていた鉄の滅びるというよりは息づいている感じに驚かされる。

　再び冒頭の古びた本をめくると、鉄の銹化は「陰陽相引く天然自然の法則」とある。しかし、たしかに路傍に滲む赤銹の姿に深く息をついてしまうこともあるが、建造物の構造材をさびるにまかせておくわけにはいかない。人の世においては陰陽相引いてばかりもいられないのだ。

　著者は戦後、仏教研究家になったらしい。

吹きガラス

光を透かすよりも、反射することで珍重されたガラス。しかし、吹きの技法によって薄く透明になったとき石英という鉱物の秘めもっていた可能性がふくらんだ。

トロナ鉱石

$Na_2CO_3 \cdot NaHCO_3 \cdot 2H_2O$

天然のソーダ灰は炭酸ナトリウムと重層分を豊富に含んだ鉱石を精製してつくられる。写真は米国ワイオミング州産。近年日本では天然ソーダ灰を輸入するようになり、合成ソーダ灰の生産は激減した。

環境に悪いことばかりをしているから、というのを理由のひとつにして、吹きガラスの仕事をやめようとしていた作家がいた。彼女の心持ちは透明で、堅く、もろく、ある意味でガラスという素材がとてもぴったりだった。周囲の人は彼女の意志を惜しみ、そして同情していた。

私は惜しみながらも残酷なことを思った。ガラス工芸だけが環境に悪いとはいえないが、生きる矛盾を強く感じるのは表現者としてはあたりまえのことで、悩みが深いほど、作品が生まれるのだから、なおのことガラスは彼女にとって適した素材ではないかと。そしてまた、ガラス作品を制作するあいだの肉体の使い様、汗をかきながらリズミカルに体を動かすのは、思いつめがちな彼女にとって救いのときのようでもあったから、やはり続けてほしかった。

●

1400度以上の高温で、珪砂、炭酸ナトリウム、石灰などを調合した原料を溶かすには、多大な熱エネルギーが必要で、ほかの（金工以外の）より素朴な手仕事とちがって、そこいらのものをとってきて料理のようにつくるわけにはいかない。工場で合成されたり劇薬といわれる素材を使うこともある。そこが彼女の悩みの種であり、たしかにガラス制作は木工、陶芸、染織よりは技術的に段階が進んでいる。

布、陶、木製の生活用品は、人が人としての暮らしをするために、世界の各地でガラスよりずっと前に生まれていた。歴史の資料をあさるまでもなく、自力でそれらのものをつくろうとしてみれば、そのことがよくわかる。どうしてガラスなんてものができたのか、なかなか想像がつかない。

かろうじて思いつくのは、陶器の自然釉の一部がたれて玉状になったところを見て、宝石のようだったから、それを再現しようとしたのかも、ということ。ただし一般的なガラス起源伝説では、シリアあたりの川岸で炊事をしようとしたソーダ灰商人が、手持ちのソーダ鉱石でかまどをつくったときにそのソーダと白砂がまじってガラスができたといわれる。

起源ははっきりしないが、人はそのきらめきにひかれて、四千年を越えるガラスの道を歩むことになる。宝物からはじまった道だ。しかし、紀元前一世紀にシ

黒曜岩
obsidian

火山岩の一種。ガラス質なので割れ目は貝殻状。流紋岩質マグマが水中などの特殊な状態で噴出してできたと考えられる。

東北硅砂
SiO_2

ケイ砂とは珪酸分（SiO_2）に富む石英砂の総称。珪砂とも書くが、ここでは山形県産の東北硅砂の書き方にならった。東北硅砂は蛙目粘土(p97参照)と硅砂の混合物から、水洗いによって石英砂を分離採取したもの。

石灰石
$CaCO_3$

地質時代の生物の遺骸が堆積・沈殿したものが、地殻変動により圧縮・熱変成作用を受け、岩石となった。生石灰（酸化カルシウム CaO）は、山から採掘した石灰石を水洗・篩い分けした後、焼成炉の中で900℃～1000℃の高温で焼いてつくられる。

イキが透き通ったカタチ

花器。Joy Y Suzuki作。宙吹きガラス。無色透明なガラスにサンドブラストで白く淡い曇りをつけたり、窓のような穴をあける。クリアなところと曇ったところと、抜けたところの透明の差。彼女の吐息に含まれる無意識が、深い陰翳を秘めた器となったかのよう。カリフォルニア生まれの作者は、湿り気のある光のニュアンスにひかれ日本で制作を続けてきた。

森林ガラスの瓶（山口信博蔵）。17世紀オランダの型吹きガラス。12世紀にドイツ中部でつくられはじめた森林ガラス（ヴァルトガラス）の流れをひく。燃料（薪）と原料（木灰）に森の木々を使い、近辺でとれる珪石を粉砕してつくった。緑味がかったガラスは森から生まれたにふさわしい様相。しかし、ガラス製造だけのせいではないが、森は次第に消えていった。

リア地方で「吹きガラス技法」が発明されて、ガラスが簡単につくれるようになり、かつ透明になってからは、ガラスに実用品への道がひらかれる。

●

ガラスの骨格は石英である（水晶彫刻のページ参照）。石英だけを溶かして固めれば石英ガラスになり、理化学機器や半導体産業には欠かせない素材だ。しかし私たちが普段目にするガラスのほとんどは石英（珪砂）の溶融温度を低くするための鉱物や灰を足してつくる。

なかでも炭酸ナトリウム（ソーダ）を加えたガラスが最も多く、窓ガラスも個人作家の作品も大半はこの「ソーダ石灰ガラス」だ。また、透明度と光の屈折率が高いボヘミアンクリスタルは炭酸カリウムと酸化鉛を加えた「鉛クリスタルガラス」であり、温度変化に強いパイレックスなどの耐熱ガラス（硬質ガラス）はソーダをホウ酸におきかえた「ホウ珪酸ガラス」である。

このほかにも、珪砂を中心に配合を変えたガラスの素材が用途に応じて何種類もつくられてきた。しかし日本では、江戸時代まではガラス器がつくられた形跡がない。正倉院に納められたササングラスの盃を貴族は見ているだろうに、どうしてそれを真似てつくらせようとせずに、ガラス玉のような小さな装飾品だけに留まったのか。

陶芸の技術は非常に発達したのに、ガラスへの工夫がなかったのはなぜだろう。原料となる鉱物の天然ソーダが不足していたからか？　しかしボヘミアの森林ガラスはソーダがなくても木灰を使い、それでかえって透明なものをつくった。

やはり、吹きの技術をオリジナルで発明できなかったからなのか。赤く熱く溶けたものに鉄のパイプを通して息を送り込んで風船のようにふくらます、という発想は、石を削る、土を捏ねる、木や草の繊維を組む、という直接手を触れる技術加工とはまるで違う次元にあるようだ。けれども、中国には吹きの技術がとっくに伝わっていたのだから、その技術を受け入れようとすればなんとかできたはずだ。

要するにガラス器がなくてもやっていけたということだが、もしかしたら透明なものへの執着が中東、西欧よりも少なかったのかもしれない。

●

「透明さ」がこの素材ならではの特性だ。これは愛玩具にも実用品のどちらにとっても欠かせない魅力である。

最初は光を透かすというよりは、磨いた宝石のようにつるっとして光を反射するだけでガラスは珍重された。人為的に色と模様がつけられ、鋳型に溶かし固めれば自由に形がつくれるからだ。しかし吹きの技法によって、薄く透明になったとき、ガラスすなわち石英という鉱物が秘めもっていた可能性がふくらんだのだ。容器、窓、電球、そして光ファイバーなど、今ではガラスなしの暮らしは考えられない。

美しくて見い出された素材が、実用品になっていった経緯を知ると、人類の起源と同じくらい古いほかの「役立つ」素材も、もしかしたら何かに使う、というよりも、きれいなものに心ひかれる気持ちがはじまりだったのではないかとも思えてくる。人ともの、自然の関係はまだまだわからない。

と、冒頭の彼女の悩みに立ち返ってみる。もしあなたが彼女の立場だったらどうするだろうか。

総論

石油化学工業と手工芸

自然の産物でないモノなど、この世にはない。人工物の代表のようなプラスチックももとをただせば自然の産物だ。セルロイドを経て、石炭（コールタール）から発明されて、今では石油の一部からつくられるが、この石油こそきわめつけの自然からの、大地からの、贈り物である。もっとも、自然には贈るも贈らないもないのだろうけど。

ともあれ私たちは「多大な恩恵」を石油からうけている。プラスチックをはじめとするモノや、モノをつくる機械を動かしたり素早く移動するためのチカラ。大半の人類は、石油がもととなって生まれた、時と空間の価値観の中で生きている。なのに、この「自然素材」についていったいどれだけ知っているのだろうか。

●

一説によると石油は、太古の生物の遺骸が地中で百万年以上にわたって高温と圧力をうけてできたとされる。それは石油中にふくまれる有機物に生物由来と見られる物質があるからで、ゆえに石炭とともに化石燃料と呼ばれる。一方、生物由来とはしない説もある。地球内部には膨大な量の炭素があり、それが石油となって地表にしみ出してくるというのだ。

起源についてはいまだ明らかではないが、自然の産物である石油利用の歴史は古く、日本でも縄文土器にアスファルトの付着がみつかっているし（秋田県豊川の槻木遺跡では接着剤として使用）、日本書紀には自然湧出の油「燃ゆる水」の記述がある。また新潟県黒川村では採った原油を明治以前までは灯火として使っていたそうだ。その量は今とは比べ物にならないほど少なく、石油の手工芸的利用の範囲内といえる。

しかし、石油はランプの灯りとしてだけではなく、燃料にも原料にもなる素材だった。それは固形物である石炭よりも扱いやすかったし、化学の手によって何にでも姿を変えられた。石油は「燃ゆる水」から変幻自在な「魔法の水」となった。

掘削技術が機械化し原油を精製する技術が進み、ガソリンが自動車の燃料となり、さらに化学工業によって石油は、繊維、ゴム、プラスチック、塗料、香料などの原料ともなった。石油にからむ技術や発明をたどると、第一次世界大戦前夜から第二次世界大戦後10年間ほどで、今日のように石油が大量に使われる地盤ができたのがわかる。

それからはまたたくまに石油化学製品が暮らしに入り込んでくる。本誌でとりあげてきた手工芸品も1960～70年代に石油由来のものに置き換えられていき、ひとつひとつ手でつくる必要もなくなっていった。

●

もしあなたが望むなら、手工芸品ならば、その原材料を自然界から採るところやそれを加工するところにじかに触れることができる。ものによってはそう簡単にいかない場合もあるが、ちょっと工夫して少しのお金と時間をかければ可能だ。実際、この本に載っている素材や品物は筆者が多少なりとも見たり触れたりしたものばかりである。もっともそういったものが手工芸品なのだから、当然ではある。

けれども石油を精製してプラスチックをつくるには、自力ではどうしようもない大きな壁がある。

どんどん分業化され専門化され、高度になっていく技術の中で暮らす私たち。とりあえず目の前の仕事に関してだけは少し深く知って、あとの日常生活はキーを押して何かを選んだりするだけで生きていける。食べ物も着る物もお金で買えば足りる。そんなあなたまかせの人生は、いってみれば自分をとりまく世間を

臭水油坪（くそうずあぶらつぼ　新潟県胎内市）。日本書紀に7世紀後半に越の国から「燃ゆる水、燃ゆる土」が近江大津宮に献上されたとある。実際には越の国のどこか特定できないが黒川も候補地のひとつ。当地には大小の「油坪」とよばれる池があり、現在も原油が湧き出している。写真提供／新潟県胎内市教育委員会

ひたすら信頼しているからなのだが、でもそれだけでは心もとない。なにからどうやってできたかわからないようなものに囲まれていると、ときどき「ここはどこ？　なんで私はいるんだろう」と不安に陥る。

そこで一念発起して、現代社会に不可欠の石油とプラスチック製品について知ろうとするとどうだろう。インターネットで調べることもできるし、工場見学もある程度できるが、けっきょくは間接的にしかわからない。バーチャルでわかった気になっても、ふと我に帰ると雲をつかむようなもどかしさだけが残る。

それは歴史の一時期に人間の技術が大きく変化し、加速度がついたからだが、まったく違う段階にいったかのように見える素材も技術も、過去から現在へ、そしておそらく未来へと、つながっている。しかし現代ではそれがどうもわかりづらい。

●

素朴な手工芸は、複雑になって遠くにいってしまったものづくりをシンプルにまぢかに見直す手がかりとなり、ここに手工芸品が残っている理由のひとつがある。プラスチックをはじめとする工業製品に比べて、価格が高く、使うには手入れが必要で、そういうことが不便といわれるのに、手づくりの品が消えてしまわない理由である。

種から育った藍草が土に根をはり、太陽の光をうけて葉を茂らせ、人はその葉を刈り取って発酵させて青い色を染める。強くはびこる毛むくじゃらの葛《くず》の茎からは輝く糸が績《う》まれる。紙になる楮《こうぞ》は都会の片隅にも生えているし、少し田舎にいけば絹の糸をはく蚕のご先祖さまのようなクワゴにあえる。やわらかい粘土が焼かれて硬い器になり、硬かった鉄も錆びてやがてぼろぼろ土にかえる。

幼い子でも楽しめる素材の変化や手仕事のいくつかを身体に刻めば、自然の営みと人のつながりが五感を通してつかめてくる。自然物からものをつくるというのは、点ではなくて、時と空間のひろがりつらなりをもっている。単純明解さとともにその奥には不思議さがあり、追い求めたくなる魅力があり、喜びがある。

ここから人間にとってもっとも大切な能力である創造性が生まれたのではないだろうか。手工芸にはそのはじまりが秘められている。

●

科学技術の発明発見も人間の創造性に導かれてきた。だから石油化学工業の中にも、自然物からものをつくっていく喜びは潜んでいるのだろうが、その仕組みがあまりに巨大で複雑になったためにわかりにくい。たとえば大工場で働く人が単純すぎる歯車のひとつのようになって、前後の文脈も知らずにいれば、そこには創造の喜びなどない場合もある。

この先、ものづくりの素材も手法もシステムも変わっていくだろう。たとえば石油がこのままエネルギーやプラスチック原料の主流になっているとはかぎらない。しかし、何が主流になってもどんな新しいモノが生まれても、今よりももっと多くの人が創造の喜び、を感じられる世の中になってほしい。

そのためにも自然の産物と直接交わる手工芸の一部はありつづけるだろう。それは過去の遺物ということでなく、いきいきとした創造の源としてである。もしかするとそんな「素朴な」手工芸の素材のひとつに石油がなる日もくるかもしれない。

参考文献　『アラディンのランプ』吉富末彦／研成社

鉱物の章／初出

インテリア・マガジンCONFORT［コンフォルト］
水晶彫刻／2003年3月号（No.62）
粉引／2002年11月号（No.58）
セトモノ／2003年11月号（No.70）
銀器／2003年4月号（No.63）
鉄銹／2004年5月号（No.76）

工程の章

藍染め

藍建てから糸染め

❶細かく砕いたすくもに、石灰と灰汁を加える。

❷たらいの中でよく練ったのち、カメに移す。

❸灰汁で粥状に炊いた麸（ふすま）を入れる。再び灰汁を加えて撹拌し、1日目の仕込みが終了。25〜30℃に温度を保ち発酵が完成するまで撹拌する。

❹雲母箔状の斑点が浮かび始め、それが皮膜となって藍液の表面を覆う。発酵によってインディゴが還元され、水に溶ける状態になっていく。ここに石灰を入れ、発酵の様子を見ながらさらに灰汁を何度も加え、藍液の量を増やす。

❺発酵が最高点に達したところで、石灰を入れ、撹拌。

❻発酵が完成した藍液。空気に触れている表面は紫紺色、中の汁は茶がかった緑のような色。

❼糸を藍液に潜らせる。

❽絞った糸を緩めると空気が入り、酸化していく。

❾糸全体をよく振って酸化させると、青色があらわれる。その後、3回ほど7〜9の作業を3回ほど繰り返し、水洗いをして日に干す。これらの作業をさらに何度も繰り返し、藍を深く染める。

2002年5月中旬、
徳島にて撮影／伊藤洋一郎
協力／桜工房

注釈

・注1／ウォードはヨーロッパで16世紀ごろまで蓼藍と同じすくも方式で藍染めに使われていた。アイヌが青を染めたといわれる大青（たいせい）と同種で黄色い菜の花が咲く。

・注2／発酵させず、生の葉を絞って染める方法もある。インディカンがインディゴになる前のまだ緑のフレッシュジュースを染液に使う。これは生の葉が手に入る場所と時期にしかできない。

・注3／日本では一般には、蓼藍をすくもにしたものを発酵させて染めたものを天然藍染めといい、合成藍や薬品を使った藍染めと区別している。琉球藍やインド藍はすくもではなく泥藍にするが、これで染めたものも天然藍染めである。

参考文献

・『自由工房』1号〜3号
桜工房

植物採取協力
・石井佐紀子

植物の章／共通参考文献

・『世界有用植物事典』
平凡社

・『牧野日本植物図鑑』
牧野富太郎／北隆館

草木染

ビワの葉染め（絹糸）

ビワの葉は煮出した染液を2〜3日置いて酸化させてから染めると濃くなる。杉の皮なども同じように酸化させるが、染液をつくってすぐに染める材も多い。

❶採取したての葉や茎を細かく刻む。

❷水から煮出す。後で染液を漉すかわりに、袋に入れて処理をしやすくしている。

❸沸騰後2時間煮出す。最初の染液を他の容器に移し、2番3番まで煮出して染液をとる。2〜3日放置。

❹精練した絹糸を水につける。

❺糸を温めた染液に浸けて徐々に温度をあげて100度になったら、液が冷めるまで一晩ほど置く。

❻染液から染まった糸を上げ、軽くしぼって、媒染液（酢酸アルミニウム溶液）に浸ける。

❼再び温めた染液に糸を戻し、徐々に温度をあげて、液が冷めるまで置く。その後水洗いして乾燥。

協力／薄井ゆかり

参考文献

・『草木染・染料植物図鑑』山崎青樹／美術出版社

柿渋

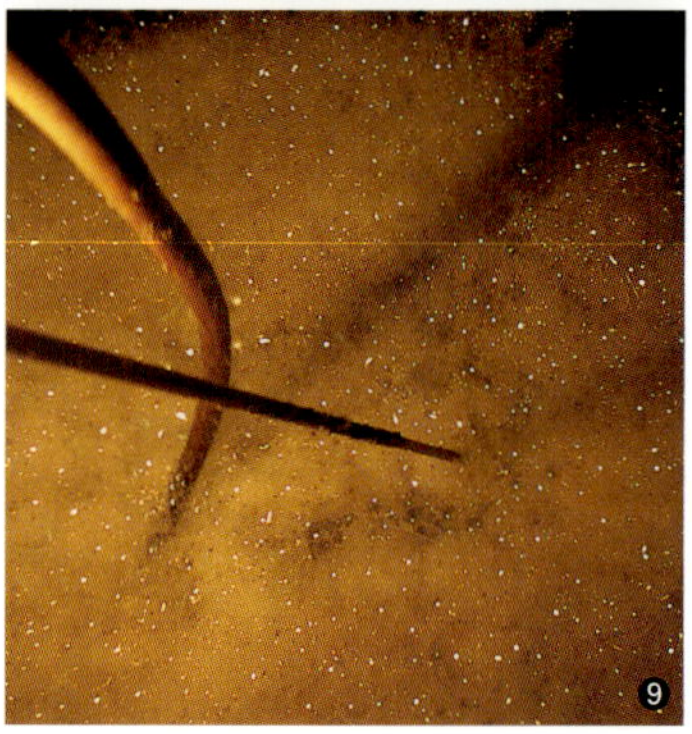

柿渋の製造工程

❶青い渋柿を採取する。

❷柿渋製造所に各産地から青柿が集められる。

❸柿を丸ごと水洗いする。

❹ぶどう酒醸造とほぼ同じ仕組みの装置。洗い、搾汁、カスを外に出すまでの一連の作業が行われる。

❺洗った柿を粉砕し、スクリュープレスで汁を搾る。

❻一度搾ったあとの粉砕物を再度搾る。

❼搾りたての渋汁。これをろ過し、加熱殺菌してタンクで発酵させる。

❽発酵タンク。純粋培養した酵母で発酵させるものと、自然発酵させるものの2種がある。

❾発酵中の柿渋。約3日～10日程発酵させた後、殺菌、オリ引きをする。1年～4年熟成させて出荷。

撮影／喜多 章

柿採取協力／植田隆夫

製造工程協力／トミヤマ

注釈

・注1／防腐剤のサルチル酸の使用が禁止され、さらに需要が増えた。

・注2／発酵によって柿果に含まれる8種類ほどのポリフェノールがそれぞれ結びつき巨大分子の柿タンニンとなる。これが柿渋の主な成分である。しかし柿タンニンは周囲のものと結びついて変化しやすく、

・分析しにくいので、まだまだ未知な部分が多い。

参考文献

・『柿の民俗史』今井敬潤／現代創造社

漆掻き作業

❶幹に刻まれた傷はまるでおまじないのよう。素人は満身創痍の漆の林の迫力にたじろぐ。

❷掻き鎌で削ったばかりの傷口はまだ白い。漆の液は最初はミルク色で次第に褐色になる。

❸滲み出る漆液を掻き篦（へら）ですくう。

❹掻き取り壺に漆を入れる。

❺幹の何ケ所かに間隔をあけて傷をつける。下から徐々に長い線に削っていく。

❻育成中の漆畑。10年生の木からワンシーズンに約180ccの漆液をとる。

撮影／筆者

協力／荻房（奥久慈工房）

注釈

・注1／すっかり乾けばかぶれないが、乾燥途中に漆の主成分であるウルシオールの水酸基が皮膚タンパクに接触して炎症がおこる場合がある。

・注2／ゴミをとった生漆に微温を加えながら、動力でなく手作業で時間をかけて攪拌して水分を除き、褐色の半透明の「黒目漆」にすること。

・注3／本誌『コンフォルト』No.61 2003年2月号「特集 日本の素材」38→43ページ参照。

・注4／下地の呼称は地方によっても異なる。ここでの分類は一例。

参考文献

・『うるしの話』
松田権六／岩波書店

紙衣

紙衣紙仕上げの一例

❶蒟蒻粉を水で溶いて蒟蒻糊とし、刷毛で片面に塗り、乾燥させた後、もう片面にも同じように塗る。

❷一回目は刷毛で塗り、紙が丈夫になると、蒟蒻糊液の中に紙を漬けて揉み込む方法もある。また、生の紙を揉んでから塗布することも。

❸→❼乾いた紙の端を内側に巻き込んで、両手のひらで包んでしっかりと揉む。片方向を揉んだら、広げて縦横をかえて巻き、また揉む。何度か繰り返す。揉んだ後に再び蒟蒻糊を塗って、揉んで、と繰り返す方法もある。

（地方や人、用途によって工程は変わるが、ここでは素人にもできる簡単なやり方を紹介した）

撮影／安達敏男

注釈

・注1／後に紙子とも書くようになった。紙を強くしているから強製紙ともいうが、和紙の美をたたえ、実際に自著の装丁に「強製紙」を使った柳宗悦は「この説明的な新しい名」を好まず、「今後私はそれを『紙子紙（かみこがみ）』と呼ぼう」（『和紙の美』より）と書いている。表記がまちまちだが、本稿では「紙衣」とした。

・注2／現在、東大寺二月堂の御水取りでは僧侶が白紙衣を着る。

楮紙

❶

❷

❸

❹

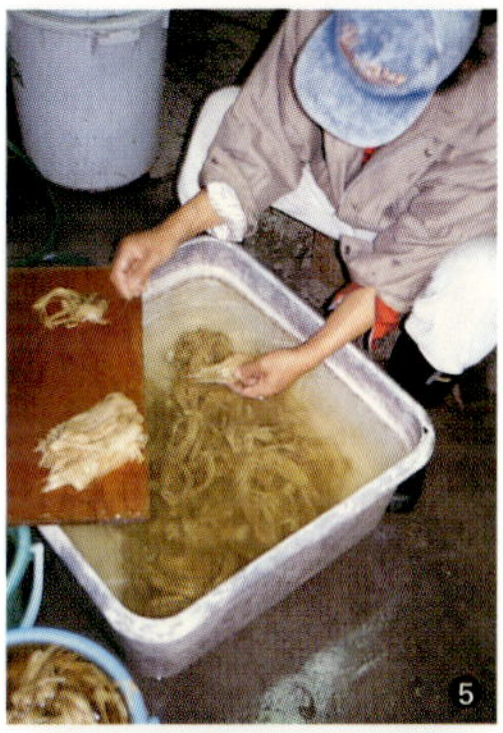
5

6

7

8

9

10

11

楮の紙料づくりから紙漉きまで（すべて冬期の作業）

❶蒸した楮の幹から剥いだばかりの皮。

❷黒い皮の部分を削ぎ取り、白皮とする。

❸水で晒した白皮をソーダ灰（アルカリ溶液）で煮る。かつては木灰を使用。

❹沸騰して2時間ほどで繊維がほぐれやすくなる。

❺塵取り作業。傷や赤スジを取る。

❻楮を叩く。歌いながら調子をとって。

❼仕上げに二つの棒でさらに叩く。6と7は合わせてだいたい20分ほど。

❽なぎなたビーターで2分間繊維をさらにほぐす。（機械の蓋をあけたところ）

❾水につけておいたトロロアオイの根からのネリ（粘った液）を漉す。

❿ほぐした楮の繊維とネリを漉き舟の中でよく混ぜ、分散させる。

⓫漉き枠を揺らしながら紙を漉く。

撮影／筆者
協力／田村 正

注釈

・注1／雑種第一世代は両親の優勢性質を現すだけでなく、生育が旺盛になり個体も大きくなる。野菜や花の種子でF1というのは、この性質を利用したもの。ただし第2世代からはさまざまな先祖の性質があらわれる。

・注2／宍倉氏は何種類もの産地の楮、姫楮、カジノキを長年にわたって観察考察し、その報告を和紙文化研究会発行の和紙文化研究第9号で発表している。

参考文献

・「和紙文化研究」各号
和紙文化研究会

三椏紙

三椏皮むき

❶つぼみのついた三椏の畑。
❷太くなった茎を刈り、広がった枝を結わえて釜に入れやすくする。
❸蒸気のあがった釜に入れる。
❹蓋をして蒸すこと、１〜２時間程度。
❺蒸された匂いがしてきたら釜からあげる。
❻根元から皮をはぐ。
❼ひとりは茎の根元を押さえ、もうひとりは皮を引っ張る。
❽皮がむかれた三椏の枝。
❾一般の三椏からとれた皮。この後乾燥して黒皮をとり、アルカリ溶液で煮て紙料とする。

撮影／筆者
協力／宍倉佐敏、池田功

注釈

・注／「三椏の研究」／宍倉佐敏
和紙文化研究第３号より

アケビかご

秋の雑木林でミツバアケビの蔓の採取
❶木やほかの植物の蔓に巻きつくアケビの蔓。
❷地面にはアケビ特集の赤茶の蔓が走る。この蔓をとるが、大元の根とそこから枝わかれしたほかの蔓は必ず残す。
❸巻き取った蔓。
❹細かいヒゲ根をカットして乾燥させる。
撮影／筆者

参考文献
・『バスケタリーの定式』
関島寿子
住まいの図書館出版局

竹細工

ぐんぐんのびるモウソウチクのタケノコ。地上に頭を出してからわずか2〜3カ月で竹となる。その後は、太さも高さも変わらず、葉が生えかわったり、小枝が伸びるだけ。

参考文献
・『竹と暮らし』
上田弘一郎／小学館

莚・むしろ

莚編み

❶莚編みの道具と素材（アダンの葉の中心と両側の刺を竹ベラや鎌でのぞき、日干ししたもの）。

❷アダンの根（アダヌシ）を裂いて綯（な）った縄を、莚編みの横板に張る。

❸アダンの乾燥葉を一本ずつ入れては縄を交叉させ編んでいく。

❹縄を交叉させている手元。

❺縄の長さがあればいくらでも長く編める。（写真はサンカクピーの莚編みの途中）

❻編みあがったら縄の端を始末する。

撮影／永井伸子

協力／星公望

注釈

・注／産業革命は動力織機からはじまり、コンピュータはジャガード織機の原理が基礎になった。繊維業界用語では莚を編む道具はまだ機（はた）とはいわない。機で織る、というのは緯（よこ）糸を入れるために経（たて）糸をいっせいに動かせる装置ができてからのこと。

大麻

床（とこ）まわし（❶→❸）と麻引（おびき）（❹→❽）
（夏に収穫した大麻の茎は沸かした湯につけて乾かして保存される。その後発酵させて麻引きの工程へ。）

❶床まわし。束ねた茎を水にくぐらせる。

❷水の中で一回転させる。

❸麻床に寝かせて発酵。皮がむきやすく引きやすくなるまで、一日2回、2～3日ほどくり返す。

❹3本まとめて持って、根元を折って皮と茎を離す。

❺一気に皮をはぐ。

❻電動の麻引き機械で皮の表面をこそげとる。

❼茶色のぬめっとした表皮がとれて金色の繊維になる。

❽昭和40年ごろまでは手引きだった。麻引き箱に麻引き台を備え付けて、竹や鉄製のヒキゴで引く。

❾麻引きなどをする建物の前には麻幹が束ねられ（軒下）、麻垢が干されている（左手前の台の上）。

❽❾撮影／筆者
協力／野州麻紙工房

注釈

・注／現在日本語でごく普通に麻布（あさぬの）や麻紐というときは、亜麻（リネン）・苧麻（ラミー）・黄麻（ジュート）などをさすが、「麻」は本来大麻を意味した。

参考文献

・「麻　大いなる繊維」
栃木県立博物館

葛布

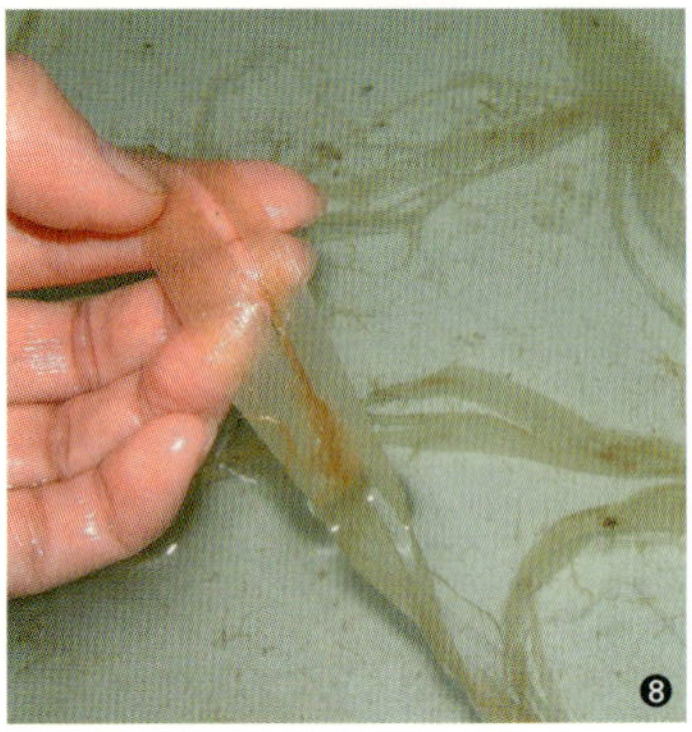

葛の糸取り

❶6月から8月頃、今年のびた蔓を採る。葉を落とし、丸い束にする。

❷沸騰した湯の中で30分ほど煮て、半日ほど水につける。

❸地面に穴を掘り、生のススキなどを敷き葛を入れる。上にも草をかぶせ、室（むろ）にして数日発酵させる。

❹表面に白カビが付いたら取り出す。

❺腐った外皮を水で洗い落とす。

❻芯抜き。根元をもって先のほうにしごくと靭皮部分（糸になるところ）が芯と分かれる。

❼芯を抜いて手に残った靭皮。

❽水でよく洗って陰干しする。

写真提供／矢谷左知子

芭蕉布

芭蕉の糸づくり

❶畑で育てた糸芭蕉を、10月から2月にかけて切り倒す。根元の方の切り口に切り込みを入れ皮をはぐ。

❷剥いだ皮を表と裏の二つに割って、表側を糸にする。

❸大鍋で灰汁を沸騰させ、底に丈夫な縄を敷いた上に束ねた原皮を入れる。

❹蓋をして数時間煮る。灰汁の加減がむずかしい。

❺竹ばさみで皮を根元に向かってしごき、不純物を取る。

❻竿にかけて風のあたらない日陰で干す。

❼繊維の筋に沿って裂いた糸を機結びでつないでいく（糸績み）。結び目から出た糸はできるだけ短く切る。

撮影／垂見健吾

協力／芭蕉布会館

注釈

・注／沖縄県大宜味村喜如嘉（おおぎみそんきじょか）辺りの言葉では、最も外側の上皮はウヮーハー、中皮はナハウー、内皮はナハグー、芯部に近いところはキヤギという。

参考文献

・『沖縄の人文』柳宗悦／春秋社

植物採取協力

・石井佐紀子

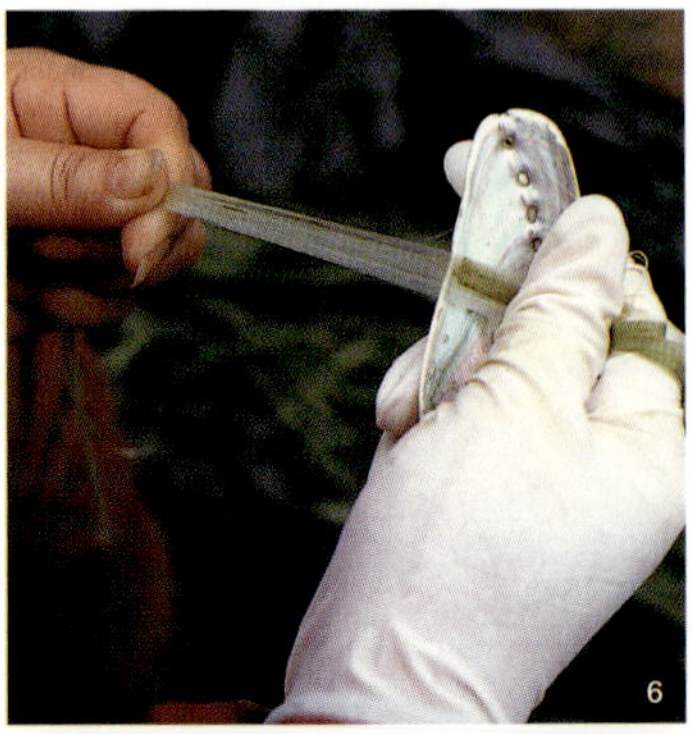

苧麻の糸取り

❶根元から刈り取る。
❷葉をこそげ落とす。
❸茎を折って、皮と芯を分離する。苧麻（ちょま）の皮の繊維はとても強いので芯を折っても、皮は切れない。
❹指先で芯から皮をはがす。
❺はがした皮（鬼皮のついたまま）を水に浸しておく。
❻アワビの貝殻を内皮にあてて、鬼皮を浮かせてはがす。竹をへら状にしたものではぐ地域もある。宮古島で昔から使われていたアワビは手のひらにすっぽりとおさまる。
❼鬼皮をとって陰干ししている青苧。乾かしておけばいつでも裂いて糸にすることができる。

撮影／筆者
2001年1月下旬
宮古島下地正子氏の畑にて

注釈

・注1／「麻」は、亜麻、苧麻、大麻などの総称で、植物の茎や葉からとった繊維。それらの中でも、水分の吸収発散性、熱伝導率がもっとも高く、光沢もあり丈夫。
・注2／沖縄の宮古島と新潟の小千谷・塩沢が現在も経緯（たてよこ）手績（う）みの糸で織る上布の代表的な産地。極細糸は乾燥すると切れるので、昔からの産地はどこも湿潤な地域。南国は亜熱帯の湿気、北国では雪の中での作業となる。
・注3／苧麻や芭蕉などの植物の繊維を細かく裂き、縒ったり結んだりして長くつないでいくことを「績む」といい、「紡ぐ」と区別する。

作品撮影協力
・青山八木

綿ワタ布団

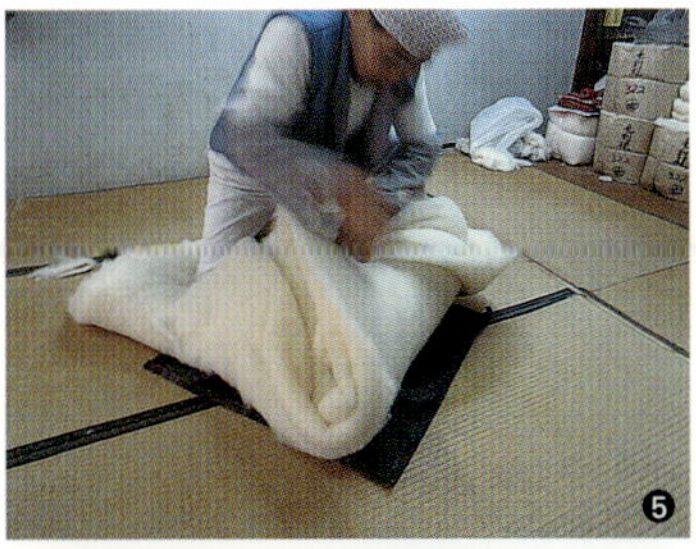

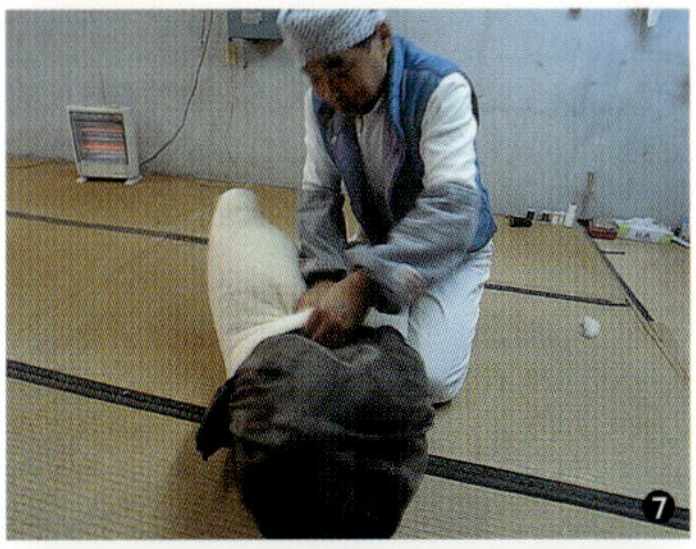
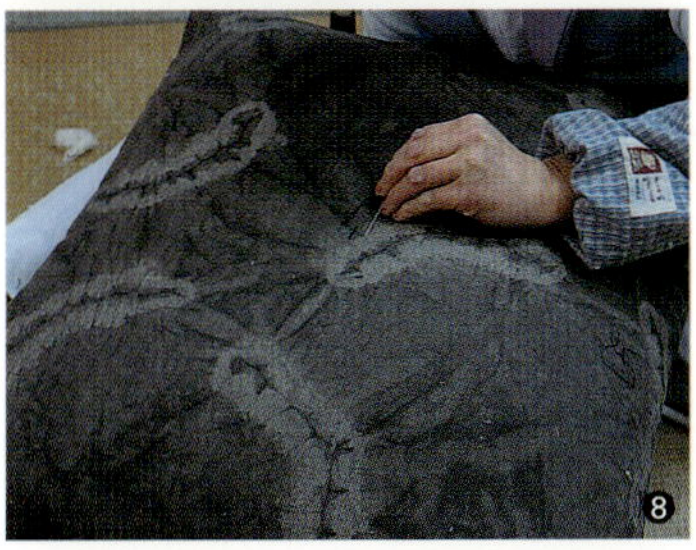

座布団の製作（夫婦判68×72cm　ツバクロ張り）

❶右側の中綿全部（6枚と2/3、約2kg）を使う。
❷座布団地を中表においた上に綿をのせる。
❸繊維の縦横を交互にしてピラミッド状に重ねる。
❹❺四隅を内側にもっていき座布団の形にする。重ねた綿を交互にはさみこみながら。
❻角を少し尖らせて整える。
❼綿入口から生地の表を出し、綿が中に入るようにひっくり返す。
❽綿入口を縫い閉じて、綿と生地をなじませたら、四隅に房をつけて真ん中を閉じる。

協力／吉川貞治
（布団仕立て職人）

注釈
・注1／莚（むしろ）にくるまったり、寒い時には小さな部屋や箱に藁や籾ガラを敷きつめてその中にもぐりこんだ。
・注2／「棉」という表記は、栽培・収穫と種が分けられるまでの状態をいい、その後を「綿」として区別することがある。本稿ではこれに沿った。絹の綿ではなく植物であることも表しているようだ。
・注3／日本での棉栽培は一旦絶えたとする説もある。

参考文献
・『綿づくり民俗史』
吉村武夫／青蛙房

製綿（アッサム地方の手摘み手繰り綿）

❶インドから輸入された原綿。
❷圧縮された原綿を軽くほぐし、ゴミを落とす。
❸ほぐされた綿を空気で飛ばし、よく混ぜ合わせる。（カード機に入る前の機械の内部）
❹カード機で繊維の方向をそろえる。（カード機内部）
❺畳一枚大の薄い綿の層を重ね、畳んで、製綿工程終了。

両工程とも協力
和泉屋製綿所

神代木

製材

❶製材所に運びこまれた神代ニレ（手前）と神代タモの原木。

❷まわりを削りとる。通常は樹皮をとるが神代木はすでに皮がない。

❸帯鋸（おびのこ）へ移動する。

❹木の状態を見ながら断面に板厚を記す。

❺どのように挽くか製材所の人に伝える。

❻上下に動く帯鋸に対して丸太を水平方向に進める。

❼振動で割れないように板を手で受け取る。

❽板になったものはすぐに桟をはさんで積み重ねる。

❾作家の工房の裏で、桜や楢などの板材と一緒に野積み乾燥する（板の厚さにもよるが1年くらい）。

撮影／筆者

協力／三谷龍二、田中興産

注釈

・注1／木が地中に埋もれて化石になったあと、珪酸分を含んだ地下水などが浸透して、もとの木の組織が石英質に変化したもの。

・注2／植物中の炭素14が放射壊変する性質を利用して年代を測る方法。約4万年前までを測定できる。

参考文献

・「埋れ木に関する調査報告書」北海道開発局

杉

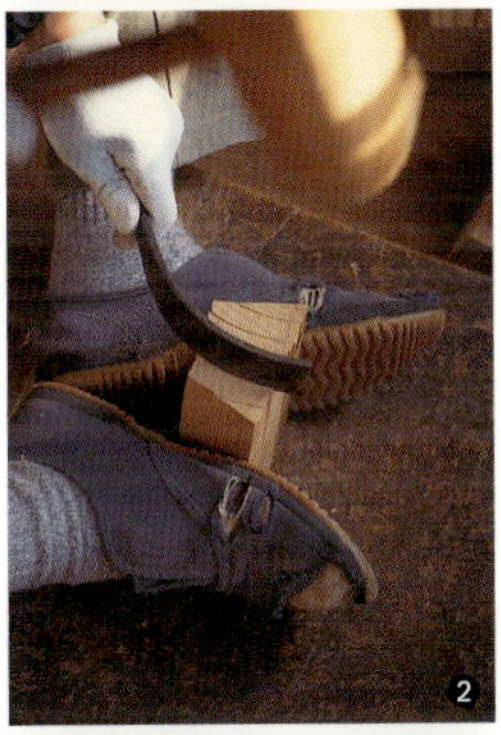

桶づくり
❶吉野杉の割材。
❷側板の高さに切り揃えた材を鉈（なた）で打ち割る。
❸木の繊維が通った割り面。
❹外センがけ。桶の外側になる面をセンで荒削り。
❺鉋（かんな）をかける。ついで内側もセンと鉋をかける。
❻正直台で側板の合わせ面（正直）を削り出す。
❼竹くぎで側板をつなぐ。
❽仮箍（たが）をして口の部分を湯でしめらせ、やわらかくして木口をなめらかに削る。
❾箍をしめて内側に鉋をかける。
❿底板用の溝を彫る。
⓫底や蓋をつくり（南部桶正では接着剤を使わず竹くぎとホゾで対応）、完成。おひつと漬物桶。
撮影／筆者
協力／南部桶正

ヌメ革

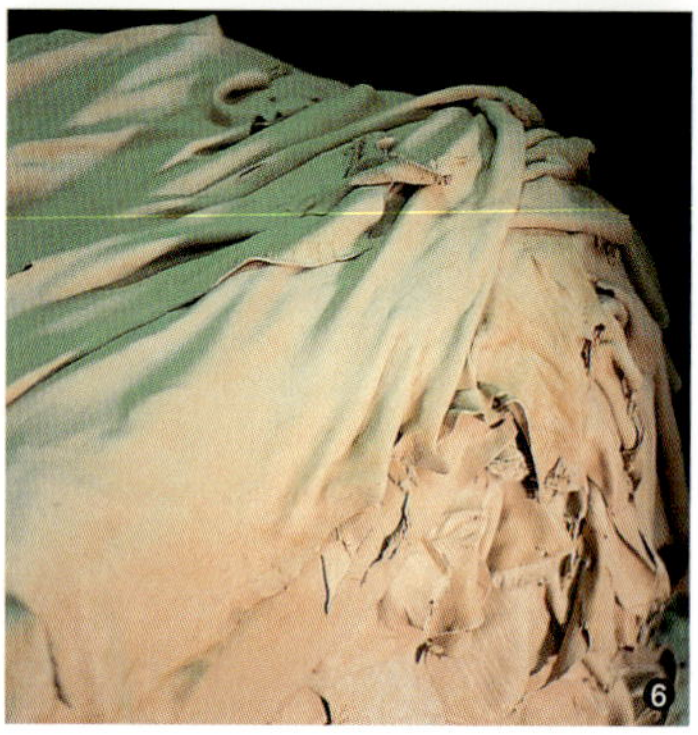

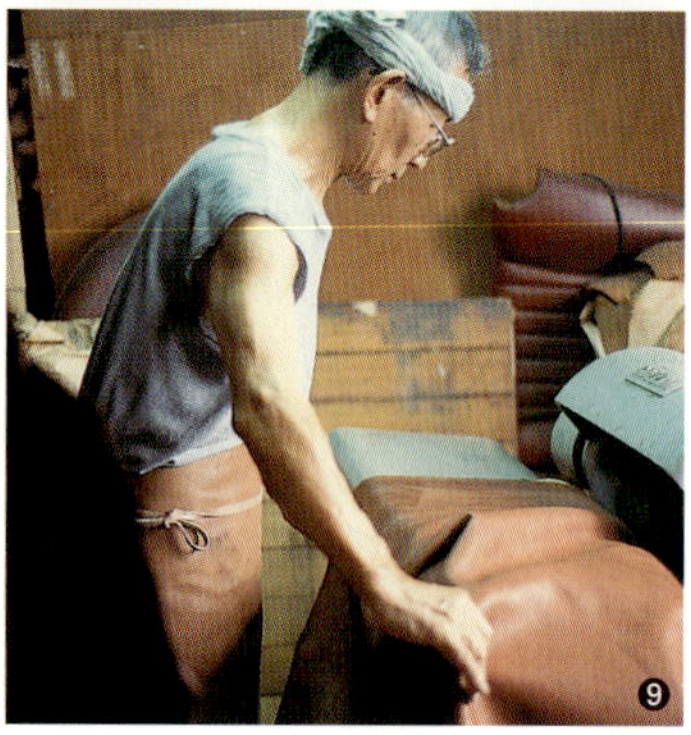

鞣(なめ)し

❶ドラムで原皮の脱塩・脱脂・脱毛などの前処理をする。

❷溶液の濃度によって分かれている渋槽。原田産業ではミモサエキス使用。ここに皮を浸けて鞣す。

❸最初はタンニン濃度の薄い槽、次第に濃い槽へと移す。

❹気温によっても異なるが、20日〜40日ほど浸けて、皮の内部まで渋を染み込ませる。

❺皮の厚さをそろえるために裏をシェービングする。写真は剃りおとした皮の切りくず。

❻生乾きの状態の皮。油脂分を加える。ここで染色する場合もある。

❼乾かすために板に皮をはる。

❽自然乾燥（4〜5日）。

❾艶出しをして革となる。

撮影／南埜次郎

協力／原田産業株式会社

注釈

・注／クロム鞣しは19世紀の終わりにイギリスで実用化され、現在では鞣し革の80%を占めている。しかしクロム鞣し剤だけでの鞣しはほとんどなく、合成タンニンなど他の鞣し剤と併用して用途にあわせて行われている。クロム鞣し革は耐熱性に優れ、鞣し剤の管理が容易で安価で汎用性がある。しかし最近はクロム鞣し革を廃棄焼却したときの公害が問題となっており、新たな鞣し剤の研究が進められている。

参考文献

・『日本の皮革』
武本 力／東洋経済新聞社

羊の品種
❶シェトランド
❷チェビオット
❸リンカーン
❹ウェンズリーディール
❺ジャコブ
❻サフォーク
以上、写真提供／英国羊毛公社
❼メリノ　写真提供／ザ・ウールマーク・カンパニー
❽春、おとなしくハサミで毛を刈られる羊。刈るのは岐阜県の羊飼い、宮本千賀子さん。
撮影／本出ますみ

注釈
・注1／メリノ種羊にも多種あり、それぞれ体格、毛の細さ、気候への順応などが異なる。
注2／長年、人に毛刈りされてきた羊は春になっても自然に毛が生えかわらない。
・注3　現在日本には二万頭弱の羊が飼育されている。

参考文献
・「スピナッツ」各号
スピンハウスポンタ

原毛協力
・スピンハウスポンタ

座繰（ざぐ）りの工程
❶湯で煮た繭の糸口をたぐる。
❷左手で座繰りを回し、右手のほうきで糸を導く。
❸繭をボウルの中で円を描くように泳がせて少し撚りをかける。
❹ひとつの繭からひと筋の細い糸。それらをあわせて織りに応じた太さにする。
協力／真木千秋（真木テキスタイルスタジオ）

注釈
・注1／水溶性タンパク質のセリシンは何層かになっている。絹繊維もタンパク質。
・注2／人間が糸を利用する絹糸昆虫にはいくつかの種類があるが、おおまかには家畜化された家蚕（カイコガ科）とそうでない野蚕（ヤママユガ科）に分けられる。

参考文献
・『わかりやすい絹の科学』間和夫監修／文化出版局